Cultura e personalidade

Nova Biblioteca de Ciências Sociais
diretor: Celso Castro

Teoria das elites
Cristina Buarque de Hollanda

A política nos quartéis
Maud Chirio

Cultura e personalidade
Margaret Mead, Ruth Benedict e Edward Sapir

Eleições no Brasil
Jairo Nicolau

Teoria social
William Outhwaite

Jango e o golpe de 1964 na caricatura
Rodrigo Patto Sá Motta

Questões fundamentais da sociologia
Georg Simmel

O mundo pós-ocidental
Oliver Stuenkel

Sobre o artesanato intelectual e outros ensaios
C. Wright Mills

Margaret Mead
Ruth Benedict
Edward Sapir

Cultura e personalidade

Seleção, apresentação e revisão técnica:
Celso Castro

Tradução:
Maria Luiza X. de A. Borges

ZAHAR

Jorge Zahar Editor Ltda.
rua Marquês de S. Vicente 99 – 1º | 22451-041 Rio de Janeiro, RJ
tel (21) 2529-4750 | fax (21) 2529-4787
editora@zahar.com.br | www.zahar.com.br

Grafia atualizada respeitando o novo
Acordo Ortográfico da Língua Portuguesa

Preparação: Angela Ramalho Vianna | Revisão: Eduardo Farias, Eduardo Monteiro
Capa: Estúdio Insólito | Foto da capa: Margaret Mead e duas meninas samoanas, c.1926. Reprodução autorizada pela American Anthropological Association

CIP-Brasil. Catalogação na fonte
Sindicato Nacional dos Editores de Livros, RJ

Benedict, Ruth

B399c Cultura e personalidade/Ruth Benedict, Margaret Mead, Edward Sapir; organização Celso Castro; tradução Maria Luiza X. de A. Borges. – Rio de Janeiro: Zahar, 2015.

(Nova Biblioteca de Ciências Sociais)

Tradução de: Configurations of culture in North America, Coming of age in Samoa, The emergence of the concept of personality in a study of cultures
ISBN 978-85-378-1404-8

1. Cultura. 2. Estrutura social. 3. Sociologia. 4. Antropologia. I. Mead, Margaret. II. Sapir, Edward. III. Castro, Celso. IV. Título. V. Série.

CDD: 306
15-19230 CDU: 316.7

Sumário

Os textos aqui reunidos foram originalmente publicados em:

- Margaret Mead, *Coming of Age in Samoa: a Psychological Study of Primitive Youth for Western Civilization*. Londres, HarperCollins, 1928, p.1-13 e p.195-233.
- Ruth Benedict, "Configurations of culture in North America", in *American Anthropologist*, v.34, n.1, jan-mar 1932, p.1-27.
- Edward Sapir, "The emergence of the concept of personality in a study of cultures", in David G. Mandelbaum (ed.), *Selected Writings of Edward Sapir in Language, Culture, and Personality*. Oakland, University of California Press, 1949, p.590-7.

Apresentação*

Celso Castro

No período entre as duas grandes guerras mundiais floresceu nos Estados Unidos uma das mais importantes tradições da história da antropologia, muitas vezes referida como "Escola de Cultura e Personalidade". A reunião desses dois termos reflete de imediato seus interesses centrais.

Por um lado está a importância do conceito de "cultura" para a compreensão da vida humana. Embora "cultura" estivesse presente desde os primeiros clássicos do pensamento antropológico, ela era agora entendida a partir da vigorosa crítica que Franz Boas (1858-1942), antropólogo alemão emigrado para os Estados Unidos, fez da tradição evolucionista em antropologia.[1] Se antes era usada muitas vezes como sinônimo de "civilização", com certo tom de superioridade, de ponto mais alto da evolução sociocultural humana, sob a orientação de Boas a antropologia passou a utilizar o termo principalmente no plural, adotando uma perspectiva relativizadora e não hierarquizante das diferentes culturas. Boas tomava cada cultura singular como uma totalidade, sem dissolver seus "elementos" numa grande trajetória evolutiva. Ele também teria papel destacado na crítica à ideia de raça e no enfrentamento

Celso Castro é doutor em antropologia social pelo Museu Nacional/UFRJ e professor e atual diretor da Escola de Ciências Sociais/CPDOC/FGV.

* Agradeço a leitura e os comentários que Arbel Griner fez desta apresentação.

ao racismo, então muito poderosos não só nos Estados Unidos, mas em todo o mundo.

O outro termo associado ao nome dessa "escola" de antropologia reflete o impacto decisivo que a psicologia e em particular a psicanálise tiveram no mundo durante esse período, especialmente a partir das obras de Sigmund Freud e Carl Jung. Se "cultura" se reportava a conjuntos de indivíduos que adotavam visões de mundo e seguiam estilos de vida específicos, "personalidade" referia-se a diferenças entre os indivíduos em relação a padrões de comportamento, cognição e emoção. Qual a conexão entre os dois termos? Em que medida um se vincula ao outro? Diferentes culturas podem ser associadas a tipos psicológicos diversos? Em que medida a estrutura da psique, os "tipos psicológicos" ou as etapas do desenvolvimento da personalidade são universais?

Questões como essas estiveram no centro do debate antropológico da época. Este livro reúne textos dos principais autores associados à "Escola de Cultura e Personalidade": Ruth Benedict, Margaret Mead e Edward Sapir. Não por acaso os três foram alunos de Franz Boas, e por ele profundamente influenciados. Boas, vale assinalar, também havia lido com interesse a obra de psicanalistas como seu contemporâneo Freud. Ele não concordava, contudo, com o caráter supostamente universal de suas teorias nem com a associação entre a mente do homem "primitivo" e a psique das crianças ou de indivíduos neuróticos.

Benedict, Mead e Sapir tiveram suas trajetórias intelectuais e pessoais em boa medida entrelaçadas, daí ser difícil apresentá-las isoladamente. Veremos, a seguir, alguns marcos de suas vidas e das obras que produziram.[2]

Ruth Fulton Benedict (1887-1948) ingressou como estudante de Franz Boas na Universidade Columbia, Nova York, em 1919, obtendo seu doutorado em 1923. Boas se tornou sua principal referência intelectual e profissional – Ruth Benedict referia-se a ele, carinhosamente, como "Papa Franz". Sediado na Universidade Columbia, Boas era a liderança principal da antropologia nos Estados Unidos. Entre 1892 e 1926, dos 45 doutorados em antropologia defendidos no país, Boas orientou dezenove (42,2%).[3] Na década de 1930, antropólogos que haviam estudado com Boas chefiavam os principais departamentos de antropologia do país. Quando de sua morte, em 1942, Boas havia publicado centenas de artigos em todos os campos da antropologia: arqueologia, linguística, antropologia cultural e antropologia física.

Paralelamente a seus estudos de antropologia com Boas, Ruth Benedict desenvolveu uma atividade literária, publicando vários poemas sob pseudônimo, embora com pouco sucesso. Seguindo a tradição boasiana de pesquisas de campo, Benedict estudou os índios Serrano na Califórnia e os Zuñi, Cochiti e Pima nas planícies do Sudoeste americano. Além disso, visitou outros grupos indígenas acompanhando seus estudantes. Escreveu alguns artigos importantes sobre suas pesquisas, porém, seu trabalho de maior impacto foi o livro *Patterns of Culture* (1934), que se tornou um best-seller para muito além das fronteiras da antropologia, influenciando outras disciplinas acadêmicas e atingindo um amplo público. Seu artigo "Configurações de cultura na América do Norte", aqui publicado, foi escrito na mesma época e resume algumas das ideias centrais do livro, como a de que cada cultura reúne elementos de origens díspares, porém mais ou menos integrados segundo um *padrão* singular.

Tomando de empréstimo os termos "apolíneo" e "dionisíaco" usados por Friedrich Nietzsche em seu estudo sobre a Grécia clássica, Ruth Benedict classifica dois tipos opostos de cultura de índios do Sudoeste americano: o dos Pueblo – "apolíneos" – e o de várias culturas ao seu redor – "dionisíacos". O ethos apolíneo enfatiza a sobriedade e a moderação, desconfiando do excesso e da orgia; o dionisíaco valoriza o excesso, tanto psíquico (sonhos, transe) quanto físico (embriaguez, uso de drogas, orgias etc.). Nesse sentido, ela vê as culturas como projeções ampliadas da psicologia individual, dotadas de grandes proporções e de uma longa duração. Essa perspectiva permite-lhe reelaborar a questão, muito debatida na época, acerca dos indivíduos "desajustados", que passavam a ser vistos como aqueles cujas disposições inatas não eram aquelas capitalizadas por sua cultura.

Ruth Benedict manteve uma longa amizade com o também antropólogo Edward Sapir (1884-1939), autor do capítulo sobre "A emergência do conceito de personalidade em um estudo de culturas".[4] Sapir nasceu na Alemanha, porém seus pais migraram para os Estados Unidos em 1890. Quando estudava na Universidade Columbia, ele foi profundamente influenciado pelos estudos de Franz Boas sobre linguística, e esse fato levou-o ao estudo de línguas indígenas do Noroeste americano para sua tese de doutorado, defendida em 1908. Em 1910 Sapir mudou-se para Ottawa, onde assumiu a então recém-criada divisão de antropologia do Geological Survey of Canada. Lá viveu por quinze anos, ao longo dos quais se sentiu academicamente isolado – a cidade não possuía uma universidade –, mas pôde realizar várias temporadas de pesquisa de campo entre tribos indígenas canadenses, documentando suas culturas e línguas, e defendendo seus direitos em várias ocasiões. Enquanto morava no Canadá, Sapir tornou-se amigo de Ruth Benedict. Ambos mantiveram uma extensa correspondência, na qual trocavam opiniões sobre poemas e textos de antropologia que escreviam. Sempre que ia a Nova York, Sapir a visitava.

Em 1922, Ruth Benedict dava um curso de antropologia no Barnard College, como assistente de Boas, quando conheceu Margaret Mead (1901-1978), então aluna de graduação. Pouco tempo depois de se conhecerem, as duas tornaram-se amigas e, a partir de 1924, amantes, embora ambas mantivessem seus casamentos e não assumissem publicamente seu relacionamento. Apesar de defenderem o amor livre, a experimentação sexual e criticarem o sentimento de ciúme, temiam comprometer suas carreiras. Após graduar-se em 1923, Mead passou a estudar em Columbia com Boas e Benedict, concluindo sua dissertação de mestrado em 1924. Em 1925, Sapir e Mead mantiveram um breve caso. A relação entre os dois deteriorou-se pouco depois, vindo a afetar também a amizade que Sapir tinha com Benedict.

Sapir mudou-se para a Universidade de Chicago em 1925. Lá obteve rápido reconhecimento e distinção acadêmica, desenvolvendo uma obra importante não apenas no campo da antropologia, mas também no da linguística. Foi um dos criadores da "Hipótese de Sapir-Whorf", que leva, além de seu nome, o de seu aluno Benjamin Whorf, e que se tornou uma referência para o relativismo linguístico. A hipótese sustenta que a linguagem influencia decisivamente a forma como os indivíduos pensam; desse modo, pode-se dizer que a linguagem funda a realidade – uma determinada realidade, variável segundo as diferentes culturas – e que seu estudo representa uma via de acesso à concepção de mundo de cada cultura.

Margaret Mead, por sua vez, partiu em 1925 para uma pesquisa de campo no Pacífico Sul, em Samoa, por sugestão de Boas, interessado no estudo comparativo da adolescência. Nesses tempos "heroicos" da disciplina, era também forte a vontade de documentar as diferentes culturas ao redor do mundo antes que fossem destruídas ou irremediavelmente alteradas. Mead tinha 23 anos e nunca havia viajado para o exterior. Ela passou oito meses em Samoa, de setembro de 1925 até o fim de maio de 1926. O resultado dessa experiência foi consolidado num livro que se tornou um marco nos estudos antropológicos: *Coming of Age in Samoa* ("A adolescência em Samoa"), publicado em 1928, e que tem partes incluídas na presente coletânea, traduzidas pela primeira vez para o português. O livro teve enorme repercussão, não apenas por tratar abertamente da sexualidade, mas também pela perspectiva comparativa (e crítica) que estabelecia, ao mostrar que a adolescência não era necessariamente uma fase de crise, e que a tentativa da sociedade americana contemporânea de esconder e reprimir a sexualidade das jovens criava sérios problemas.

Muitos anos mais tarde, já após sua morte, a pesquisa de campo de Margaret Mead em Samoa viria a ser duramente criticada pelo antropólogo neozelandês Derek Freeman,[5] que não apenas rejeitou suas conclusões, como também suas qualificações como pesquisadora de campo. As críticas de Freeman suscitaram uma das maiores polêmicas na história da antropologia. Independente da validade de suas críticas, um fato a ser ressaltado é que Freeman fez sua pesquisa muitas décadas depois de Mead, e numa parte diferente de Samoa.

Na viagem de volta de Samoa, Margaret Mead apaixonou-se pelo antropólogo neozelandês Reo Fortune (1903-1979), com quem se casou após divorciar-se do primeiro marido. Em 1926, de volta a Nova York, por indicação de Boas, ela passou a trabalhar como curadora-assistente no American Museum of Natural History, onde permaneceria até aposentar-se. Concluiu seu doutorado em Columbia, em 1929. Mead voltou a campo várias vezes, principalmente para a Nova Guiné, onde conheceu seu terceiro marido, o inglês e também antropólogo Gregory Bateson (1904-1980), com quem ficaria casada entre 1936 e 1950 e com quem teve sua única filha, Mary Catherine Bateson (nascida em 1939), que também se tornaria antropóloga. Mead fez pesquisa de campo com Bateson em Bali entre 1936 e 1939, e juntos publicaram *Balinese Character: A Photographic Analysis* (1942), um marco da antropologia visual, que inclui 759 fotografias selecionadas dentre as 25 mil que tiraram. Além disso, fizeram filmagens de diversos aspectos da cultura balinesa.

Da estada na Nova Guiné resultou um dos livros mais importantes de Mead, *Sex and Temperament in Three Primitive Societies* (1935),[6] publicado um ano após *Patterns of Culture*, de Ruth Benedict. Escritos no auge da Grande Depressão americana, os dois livros alcançaram uma ampla audiência e foram muito inovadores nos temas que abordavam. Mesmo quando criticados, passaram a fazer parte do cânone da antropologia. Em seus livros, cada autora comparou três sociedades: Ruth Benedict, os Zuñi do Novo México, os Dobuan da Melanésia e os Kwakiutl da ilha de Vancouver (British Columbia, Canadá); Margaret Mead, os Arapesh, os Mundugumor e os Tchambuli da Nova Guiné. Ambas identificaram padrões dominantes em cada uma dessas sociedades e mostraram como indivíduos tidos como anormais ou desviantes nessas sociedades seriam perfeitamente adaptados e vistos como normais em outras. Ao mesmo tempo, mais ou menos abertamente, ambas criticavam a sociedade americana de sua época.

O ano de 1931 foi importante, do ponto de vista profissional, tanto para Edward Sapir quanto para Ruth Benedict. Nesse ano, Sapir mudou-se para a Universidade Yale, onde chefiou o Departamento de Antropologia e permaneceu até sua morte, em 1939. Em Yale, Sapir procurou criar um programa de pesquisas interdisciplinar que combinasse antropologia, linguística e psicologia, com o objetivo de estudar o impacto da cultura sobre a personalidade.

Também em 1931, Ruth Benedict, sob a proteção de Boas, tornou-se professora de antropologia em Columbia, onde permaneceria pelo resto da vida. Após a aposentadoria de Boas, em 1937, ela seria sua herdeira natural para chefiar o Departamento de Antropologia. O reitor da universidade, contudo, interessado em restringir a influência dos discípulos de Boas, que considerava politicamente radicais, nomeou Ralph Linton para o posto. Em 1948, pouco antes de morrer, Benedict foi promovida a *full professor* (professora titular) na Faculty of Political Science, a primeira mulher a atingir esse status.

Durante a Segunda Guerra Mundial, Ruth Benedict e Margaret Mead uniram-se ao esforço de guerra americano e tornaram-se expoentes do que ficou conhecido como "antropologia aplicada". Benedict tornou-se analista de culturas estrangeiras do Office of War Information (OWI) e produziu análises sobre a Dinamarca, a Tailândia, a Romênia e em especial o Japão – então, o maior inimigo americano na guerra. Em 1946, ela publicou *O crisântemo e a espada: padrões da cultura japonesa*,[7] o exemplo mais acabado do método de análise de caráter nacional que chamou de "*culture at a distance*" ("cultura a distância").

A pesquisa envolveu entrevistas com japoneses residentes nos Estados Unidos e análise de materiais como filmes e romances.

Após a morte de Benedict, Margaret Mead continuou ativa, mantendo presença constante na mídia norte-americana e falando sobre os mais variados assuntos para o grande público, até seu falecimento, em 1978.[8]

Os três personagens incluídos neste livro, além do impacto acadêmico dos trabalhos que produziram, mantiveram também atuação como intelectuais públicos. Vale observar que os três foram presidentes da American Anthropological Association: Sapir em 1938, Benedict em 1947 e Mead em 1960. A influência dos estudos sobre cultura e personalidade que eles desenvolveram viria a perder espaço na antropologia não apenas por suas mortes, mas também como resultado da crescente influência do estruturalismo a partir dos anos 1950. Mesmo assim, a tradição que construíram permanece parte obrigatória da história da disciplina.

1. A adolescência em Samoa

Margaret Mead

Introdução

Durante os últimos cem anos, pais e professores deixaram de encarar a infância e a adolescência como ponto pacífico. Em vez de buscar encaixar a criança num molde educacional inflexível, tentaram adaptar a educação às necessidades dela. Duas forças os impeliram a essa nova tarefa: o desenvolvimento da ciência da psicologia; as dificuldades e os desajustamentos da juventude. A psicologia sugeriu que havia muito a ganhar com o conhecimento da maneira como as crianças se desenvolviam, dos estágios através dos quais elas passavam, do que o mundo adulto podia esperar razoavelmente do bebê de dois meses ou da criança de dois anos. As fulminações do púlpito, os lamentos ruidosos do filósofo social conservador, os registros dos tribunais da juventude e das agências de assistência social, tudo isso sugeria que alguma coisa deveria ser feita com o período que a ciência havia rotulado de adolescência. O espetáculo de uma geração mais jovem que divergia cada vez mais amplamente dos padrões e ideais do passado, geração deixada à deriva sem a ancoragem de padrões domésticos respeitados ou valores religiosos coletivos, aterrorizava o reacionário cauteloso, atraía o propagandista radical a empreender cruzadas missionárias em meio à juventude indefesa e preocupava os menos esclarecidos dentre nós.

Na civilização americana, com suas muitas linhagens de imigrantes, suas dezenas de padrões conflitantes de conduta, suas centenas de seitas religiosas, suas condições econômicas cambiantes, esse status intranquilo, perturbado, da juventude era mais evidente que na civilização mais antiga e mais acomodada da Europa. As condições americanas desafiaram o psicólogo, o educador, o filósofo social, a oferecer explicações aceitáveis para os problemas da criança em desenvolvimento. Como hoje na Alemanha do pós-guerra, onde as gerações mais jovens têm ajustamentos ainda mais difíceis a fazer que nossas crianças, um grande volume de teorizações sobre a adolescência inunda as livrarias; assim, nos Estados Unidos, o psicólogo tentou explicar a inquietação da juventude. O resultado foram obras como a de Stanley Hall sobre "Adolescência", que atribuiu ao período pelo qual as crianças estavam passando a causa de seu conflito e sofrimento. A adolescência foi caracterizada como a fase em que o idealismo florescia e a rebelião contra a autoridade ganhava força, um espaço de tempo durante o qual dificuldades e conflitos eram absolutamente inevitáveis.

O psicólogo infantil cuidadoso, que baseava suas conclusões em experimentos, não endossou essas teorias. Ele disse:

> Não temos dados. Sabemos pouco sobre os primeiros meses de vida de uma criança. Estamos apenas aprendendo quando os olhos de um bebê seguirão a luz pela primeira vez. Como podemos dar respostas definitivas para questões relativas ao modo como uma personalidade desenvolvida, sobre a qual nada sabemos, reagirá à religião?

Mas as advertências negativas da ciência nunca são bem aceitas. Se o experimentalista não se comprometia, o filósofo, o pregador e o pedagogo faziam um esforço maior para dar uma resposta mais fácil. Eles observaram o comportamento dos adolescentes em nossa sociedade, registraram os sintomas onipresentes e óbvios de desassossego e anunciaram esses aspectos como característicos do período. Mães eram avisadas de que "filhas na adolescência" apresentam problemas especiais. Esse, diziam os teóricos, é um período difícil. As mudanças físicas que se processam no corpo de seus meninos e meninas têm suas implicações psicológicas específicas. É impossível escapar tanto de uns quanto de outros; à medida que o corpo de sua filha muda, deixando de ser infantil para se converter num corpo de mulher, seu espírito também mudará de maneira inevitável – e tempestuosa. Os teóricos olhavam à sua volta para os adolescentes em nossa civilização e repetiam com grande firmeza: "Sim, tempestuosa."

Semelhante concepção, embora não sancionada pelo experimentalista cauteloso, ganhou ampla aceitação, influenciou nossa política educacional, paralisou nossos esforços parentais. Assim como deve se preparar para o choro do bebê quando nasce seu primeiro dente, a mãe também tem de se fortalecer e suportar com toda a equanimidade que lhe for possível as manifestações desagradáveis e turbulentas da "idade difícil". Se não havia nenhuma censura a fazer à criança, tampouco havia algum programa, exceto tolerância, a recomendar ao professor. O teórico continuava a observar o comportamento dos adolescentes americanos, e a cada ano proporcionava novas justificações para sua hipótese, à medida que as dificuldades da juventude eram ilustradas e documentadas nos registros das escolas e dos tribunais juvenis.

Nesse meio-tempo, porém, outra maneira de estudar o desenvolvimento humano ganhava terreno, a abordagem do antropólogo, do estudioso do homem em todos os seus mais diversos contextos sociais. O antropólogo, à medida que refletia sobre seu crescente corpus de material referente aos costumes de povos primitivos, começava a compreender o enorme papel desempenhado na vida de um indivíduo pelo ambiente social em que cada um nasce e é criado. Um a um, aspectos do comportamento que havíamos nos acostumado a considerar complementos invariáveis de nossa humanidade revelaram-se meros resultados da civilização, presentes nos habitantes de um país, ausentes em outro, e isso sem mudança de raça. Ele aprendeu que nem raça nem humanidade comum podem ser consideradas responsáveis por muitas das formas que mesmo emoções humanas tão básicas quanto amor, medo e raiva assumem sob diferentes condições sociais.

Assim, o antropólogo, refletindo a partir de suas observações acerca do comportamento de seres humanos adultos em outras civilizações, chega a muitas das mesmas conclusões que o behaviorista atinge em seu trabalho com bebês humanos que ainda não têm nenhuma civilização para moldar sua maleável humanidade.

Com essa atitude diante da natureza humana, o antropólogo ouviu o comentário corrente sobre a adolescência. Viu atitudes que lhe pareciam depender do ambiente social – como rebelião contra a autoridade, perplexidades filosóficas, florescimento do idealismo, conflito e luta – serem atribuídas a uma fase de desenvolvimento físico. E, com base em seu conhecimento do determinismo da cultura, da plasticidade dos seres humanos, ele duvidou. Eram essas dificuldades decorrentes do fato de ser adolescente ou do fato de ser adolescente nos Estados Unidos?

Para o biólogo que duvida de uma hipótese antiga ou deseja pôr à prova uma nova proposição, há o laboratório biológico. Ali, em condições sobre as quais pode exercer o mais rígido controle, ele consegue variar a luz, o ar, o alimento que suas plantas ou animais recebem, desde o momento do nascimento e durante toda a sua existência. Mantendo todas as condições constantes, exceto uma, ele pode fazer medições precisas do efeito desta última. Esse é o método ideal da ciência, o método do experimento controlado, por meio do qual todas as hipóteses podem ser submetidas a um teste estritamente objetivo.

Mesmo o estudioso da psicologia infantil só pode reproduzir parcialmente essas condições ideais de laboratório. Ele não tem como controlar o ambiente pré-natal da criança que submeterá mais tarde a medições objetivas. No entanto, pode controlar o ambiente inicial da criança, os primeiros dias de sua existência, e decidir que sons, visões, cheiros e gostos devem afetá-la.

Para o estudioso da adolescência, contudo, não existe tal simplicidade de condições de trabalho. O que desejamos testar é nada menos que o efeito da civilização sobre um ser humano em desenvolvimento na puberdade. Para pô-lo à prova da maneira mais rigorosa, teríamos de construir vários tipos de civilização diferentes e submeter grande número de crianças adolescentes a esses ambientes diversos. Faríamos uma lista das influências cujos efeitos desejássemos estudar. Se quiséssemos estudar a influência do tamanho da família, construiríamos uma série de civilizações semelhantes em todos os aspectos, exceto na organização da família. Se encontrássemos depois distinção no comportamento de nossos adolescentes, poderíamos dizer com segurança que o tamanho da família havia causado a diferença; que, por exemplo, o filho único tinha uma adolescência mais conturbada que a criança pertencente a uma família numerosa. E assim poderíamos proceder através de uma dúzia de situações possíveis: conhecimento sexual precoce ou tardio; experiência sexual precoce ou tardia; pressão para o desenvolvimento precoce ou desestímulo ao desenvolvimento precoce; segregação dos sexos ou coeducação desde a tenra infância; divisão do trabalho entre os sexos ou tarefas comuns para ambos; pressão para fazer escolhas religiosas cedo ou ausência de tal pressão. Faríamos um fator variar, mantendo os demais razoavelmente constantes, e analisaríamos que aspectos de nossa civilização seriam responsáveis pelas dificuldades de nossas crianças na adolescência, caso houvesse algum.

Por infortúnio, esses métodos ideais de experimentação nos são negados quando nosso material consiste em seres humanos e em todo o tecido de uma ordem social. A colônia-teste de Heródoto, em que bebês deveriam ser isolados, e os resultados registrados, não é uma abordagem possível. Tampouco é viável o método de selecionar a partir de nossa própria civilização grupos de crianças que correspondam a um requisito ou outro. Esse método consistiria em selecionar quinhentos adolescentes de famílias pequenas e quinhentos de famílias numerosas e tentar descobrir quais haviam experimentado as maiores dificuldades de ajustamento na adolescência. Mas não poderíamos saber quais eram as outras influências exercidas sobre essas crianças, que efeito seu conhecimento sobre sexo ou o ambiente de sua vizinhança poderia ter tido sobre seu desenvolvimento adolescente.

Que método, então, está aberto para nós, que desejamos realizar um experimento humano, mas não temos poder, seja para construir as condições experimentais, seja para encontrar exemplos controlados dessas condições espalhados aqui e ali por toda a nossa própria civilização? O único método é o do antropólogo: ir para uma civilização diferente e fazer um estudo de seres humanos sob condições culturais diferentes em alguma outra parte do mundo. Para esses estudos o antropólogo escolhe povos muito simples, primitivos, cuja sociedade jamais alcançou a complexidade da nossa. Nessa escolha de povos primitivos como esquimós, australianos, ilhéus dos Mares do Sul ou índios pueblos, o antropólogo é guiado pelo conhecimento de que é mais fácil levar a cabo a análise de uma civilização mais simples.

Em civilizações complicadas como as da Europa, ou as civilizações mais elevadas do Oriente, anos de pesquisa são necessários antes que o estudioso comece a compreender as forças em ação dentro delas. Um estudo da família francesa, apenas, envolveria um exame preliminar da história francesa, ou do direito francês, das atitudes católicas e protestantes em relação ao sexo e às relações pessoais. Um povo primitivo sem língua escrita apresenta problema bem menos intricado, e o estudioso treinado pode dominar a estrutura fundamental de uma sociedade primitiva em poucos meses.

Além disso, não escolhemos uma comunidade camponesa simples na Europa ou um dos grupos isolados de montanheses pobres brancos estabelecidos no Sul dos Estados Unidos, porque os modos de vida desses povos, embora simples, pertencem essencialmente à tradição histórica em que se inserem as partes complexas da civilização europeia ou americana. Em vez disso, escolhemos grupos primitivos que têm milhares de anos de desenvolvimento histórico em linhas completamente diversas das nossas, cuja língua não possui nossas categorias indo-europeias, cujas ideias religiosas são de natureza diversa, cuja organização social não só é mais simples como muito diferente da nossa. A partir desses contrastes, vívidos o bastante para surpreender e esclarecer aqueles acostumados ao nosso próprio ambiente de vida e simples o bastante para serem logo compreendidos, é possível aprender muitas coisas sobre o efeito de uma civilização sobre os indivíduos que nela vivem.

Assim, para investigar o problema particular, não escolhi ir para a Alemanha ou para a Rússia, mas para Samoa, uma ilha dos Mares do Sul a cerca de 30° do equador, habitada por um povo polinésio moreno. Como eu era mulher e podia esperar obter maior intimidade trabalhando com meninas, e não com meninos, e porque, em razão de uma escassez de mulheres etnólogas, nosso conhecimento sobre meninas primitivas é muito mais superficial que aquele sobre meninos, optei focalizar a menina adolescente em Samoa.

Ao optar por isso, porém, fiz algo muito diferente do que teria feito se me concentrasse num estudo da menina adolescente em Kokomo, em Indiana. Neste último caso, eu teria ido direto ao ponto crucial do problema; não teria de me deter muito sobre a língua de Indiana, as maneiras à mesa ou os hábitos de sono de meus sujeitos, nem fazer um estudo extensivo de como eles aprendiam a se vestir, a usar o telefone, ou sobre o significado do conceito de consciência em Kokomo. Todas essas coisas são o tecido geral da vida americana, do meu conhecimento como investigadora, do conhecimento de vocês como leitores.

Com esse novo experimento sobre a menina adolescente primitiva, porém, a questão era inteiramente oposta. Ela falava uma língua cujos sons me eram estranhos, em que substantivos se tornavam verbos e vice-versa, como num passe de mágica. Todos os seus hábitos de vida eram diferentes. Ela se sentava de pernas cruzadas no chão, e sentar-se numa cadeira a deixava rígida e infeliz. Comia com os dedos, de um prato de fibra trançada; dormia no chão. Sua casa era um mero círculo de pilastras, coberta com um cone de colmo, atapetada com fragmentos de coral desgastados pela água. Todo o seu ambiente material era diferente. Coqueiros, pés de fruta-pão e mangueiras balançavam sobre sua aldeia. A menina nunca tinha visto um cavalo, não conhecia nenhum animal, exceto o porco, o cachorro e o rato. Sua comida era inhame, fruta-pão, bananas, peixe, pombos selvagens, porcos cozidos e caranguejos. Do mesmo modo como era necessário compreender esse ambiente físico, essa rotina de vida tão diferente da nossa, conhecer seu ambiente social em suas atitudes em relação a crianças, em relação a sexo e à personalidade apresentava forte contraste com o ambiente da menina americana.

Concentrei-me nas meninas da comunidade. Passava a maior parte do tempo com elas. Estudei com a máxima atenção as famílias em que as adolescentes viviam. Fiquei mais tempo nas brincadeiras infantis que nos conselhos dos anciãos. Falando sua língua, comendo sua comida, sentando-me descalça e de pernas cruzadas no piso forrado de seixos, fiz o possível para minimizar as diferenças entre nós e para aprender a conhecer e compreender todas as meninas de três aldeias na costa na pequena ilha de Ta'ū, no arquipélago Manu'a.

Durante os nove meses que passei em Samoa, reuni muitos fatos detalhados sobre essas meninas, o tamanho de suas famílias, a posição e fortuna de seus pais, o número de seus irmãos e irmãs, a quantidade de experiências sexuais que haviam tido. Todos esses fatos rotineiros são resumidos numa tabela no apêndice. Eles são apenas o esqueleto mais simples, mal chegando a constituir matéria-prima para um estudo de situações familiares e relações sexuais, padrões de amizade, lealdade, responsabilidade pessoal, todos esses impalpáveis centros de turbulência na vida de nossas adolescentes. Como essas partes menos mensuráveis de suas vidas eram tão similares, como a vida de uma menina era tão parecida com a de outra, numa cultura não complexa e uniforme como Samoa, sinto-me justificada ao generalizar, embora tenha estudado apenas cinquenta meninas em três pequenas aldeias vizinhas.

Nos capítulos que se seguem, descrevi a vida dessas meninas, de suas irmãzinhas que logo serão adolescentes, de seus irmãos, com quem um rigoroso tabu as proíbe de conversar, de suas irmãs mais velhas, que deixaram a puberdade para trás, dos anciãos de suas famílias, de suas mães e pais, cujas atitudes perante a vida determinam as atitudes dos filhos. Por meio dessa descrição tentei responder à pergunta que me enviou a Samoa: são as perturbações que atormentam nossos adolescentes consequência da natureza da própria adolescência ou da civilização? Sob condições diferentes, a adolescência apresenta-se sob outra imagem?

Além disso, em razão da natureza do tema, em decorrência do caráter desconhecido dessa vida simples numa ilhota do Pacífico, tive de fazer uma descrição de toda a vida social em Samoa, selecionando os detalhes sempre no intuito de iluminar o problema da adolescência. Questões de organização política, que não interessam à menina nem a influenciam, não foram aqui incluídas. Minúcias do sistema de parentesco ou de cultos aos ancestrais, genealogias e mitologias, de interesse apenas para o especialista, serão publicadas em outro lugar. Mas tentei apresentar ao leitor a menina samoana em seu contexto social, descrever o curso de sua vida do nascimento à morte, os problemas que ela terá de resolver, os valores que a guiarão em suas soluções, as dores e os prazeres de seu destino humano lançado numa ilha dos Mares do Sul.

Essa descrição busca fazer mais que iluminar esse problema particular. Ela deveria também dar ao leitor uma ideia sobre uma civilização diferente e contrastante, outra maneira de viver, que outros membros da raça humana consideraram satisfatória e digna. Sabemos que nossas percepções mais sutis, nossos valores mais elevados, baseiam-se todos em contraste; que luz sem escuridão ou beleza sem feiura perderiam as qualidades que agora nos parecem possuir. De maneira semelhante, se quisermos apreciar nossa própria civilização, esse elaborado padrão de vida que fizemos para nós mesmos como povo e que tanto nos esforçamos para transmitir a nossos filhos, devemos confrontar nossa civilização com outras muito diversas. Quem viaja pela Europa volta aos Estados Unidos sensível às nuances em suas próprias maneiras e em filosofias que até então lhe haviam passado despercebidas; no entanto, Europa e Estados Unidos são partes de uma só civilização. É com variações dentro de um grande padrão que o estudioso da Europa hoje ou o estudioso de nossa própria história aguça seu senso de apreciação.

Contudo, se saímos do caudal da cultura indo-europeia, a apreciação a que podemos submeter nossa própria civilização melhora ainda mais. Aqui, nas partes remotas do mundo, sob condições históricas muito diferentes daquelas que fizeram Grécia e Roma florescer e declinar, grupos de seres humanos desenvolveram padrões de vida tão diferentes dos nossos que não podemos arriscar a conjectura de que iriam chegar algum dia às nossas próprias soluções. Cada povo primitivo escolheu um conjunto de talentos humanos, um conjunto de valores humanos, e moldou para si mesmo uma arte, uma organização social, uma religião que são sua contribuição singular para a história do espírito humano.

Samoa é apenas um desses padrões diversos e graciosos, mas, assim como o viajante que um dia se afastou de casa é mais sábio que o homem que nunca foi além da soleira da própria porta, o conhecimento de outra cultura deveria aguçar nossa capacidade de esquadrinhar com mais sobriedade, de apreciar mais amorosamente, a nossa própria cultura.

Em razão do problema particular que nos propusemos a responder, essa história de outro modo de vida interessa-se principalmente pela educação, pelo processo mediante o qual o bebê, que chega desprovido de cultura à cena humana, torna-se um consumado membro adulto de sua sociedade. A luz mais forte incidirá sobre as maneiras pelas quais a educação samoana, em seu sentido mais amplo, difere da nossa. A partir desse contraste seremos capazes de passar, tendo nos imbuído de nova e vívida autoconsciência e autocrítica, a julgar de nova maneira e talvez moldar de forma diversa a educação que damos às nossas crianças.

Nossos problemas educacionais à luz dos contrastes samoanos*

Ao longo de muitos capítulos, acompanhamos a vida de meninas samoanas, vimos como se transformam de bebês em amas, aprendem a acender o forno e a tecer belas esteiras, abandonam a vida do grupo de crianças para se tornar membros mais ativos do lar, adiam o casamento pelo maior número possível de anos pontilhados por relações sexuais casuais, por fim se casam e começam a criar filhos que repetirão o mesmo ciclo. Até onde nosso material nos permitiu, realizou-se um experimento para descobrir como era o processo de desenvolvimento numa sociedade muito diferente da nossa. Como a extensão da vida humana e a complexidade de nossa sociedade não nos permitiram fazer nosso experimento aqui, escolher um grupo de bebês do sexo feminino e levá-los até a maturidade sob condições criadas para o experimento, foi necessário ir para outro país, onde a história armou o palco para nós.

Ali encontramos crianças do sexo feminino que passavam pelo mesmo processo de desenvolvimento físico por que passam nossas meninas, ganhavam seus primeiros dentes e perdiam-nos, ganhavam a segunda dentição, ficavam altas e desajeitadas, chegavam à puberdade com a primeira menstruação, alcançavam pouco a pouco a maturidade física e se viam prontas para produzir a geração seguinte. Foi possível dizer: aqui estão as condições adequadas para um experimento; a menina em desenvolvimento é um fator constante nos Estados Unidos

* Capítulo 12 de *Coming of Age in Samoa*.

e em Samoa; a civilização dos Estados Unidos e a civilização de Samoa são diferentes.

No curso do desenvolvimento – o processo de crescimento pelo qual a menina se torna uma mulher adulta –, as súbitas e evidentes mudanças físicas que têm lugar na puberdade são acompanhadas por um desenvolvimento espasmódico, emocionalmente carregado, e também pelo despertar de um sentimento religioso, um florescer de idealismo, um grande desejo de autoafirmação contra a autoridade – ou não? A adolescência é um período de sofrimento mental e emocional para a menina que se desenvolve, tão inevitavelmente quanto a dentição é um período de tormento para o bebezinho? Podemos pensar na adolescência como uma etapa na história de vida de toda menina, que carrega consigo seus sintomas de conflito e tensão, tão seguramente quanto implica uma mudança em seu corpo?

Seguindo as meninas samoanas através de todos os aspectos de suas vidas, tentamos responder a essa questão e descobrimos em toda parte que tínhamos de respondê-la com uma negativa. A menina adolescente em Samoa diferia de sua irmã que ainda não chegara à puberdade em um aspecto principal: na menina mais velha estavam presentes certas mudanças físicas ausentes na mais nova. Não havia nenhuma outra grande diferença para distinguir o grupo que atravessava a adolescência daquele que entraria nessa fase dentro de dois anos, ou daquele que nela ingressara dois anos antes.

Se uma menina já púbere for menor, ao passo que sua prima é alta e capaz de realizar trabalho mais pesado, haverá uma diferença entre elas em razão da dotação física, que será muito maior que aquela atribuída à puberdade. A menina alta e robusta será isolada de suas companheiras, obrigada a fazer tarefas mais longas, mais adultas, passará a se mostrar reservada, por força de uma mudança de indumentária, ao passo que a prima, que demora a se desenvolver fisicamente, continuará a ser tratada como uma criança e só terá de resolver os problemas ligeiramente mais reduzidos da infância. O preceito dos educadores daqui, que recomendariam táticas especiais no tratamento de meninas adolescentes traduzido em termos samoanos, seria: meninas altas são diferentes de meninas baixas da mesma idade; devemos adotar um método diferente de educá-las.

Mas depois que respondemos à pergunta que nos impusemos ainda não chegamos ao fim do problema. Outra questão se apresenta. Se for provado que a adolescência não é necessariamente um período de especial dificuldade na vida de uma menina – e ele estará provado se pudermos encontrar qualquer sociedade em que isso ocorra –, o que explica a presença do transtorno e da tensão entre as adolescentes americanas? Em primeiro lugar, podemos dizer muito simplesmente que deve haver alguma coisa nas duas civilizações para explicar a diferença. Se o mesmo processo assume uma forma diferente em dois ambientes diversos, não podemos dar nenhuma explicação em termos do processo, pois ele é o mesmo nos dois casos. Mas o ambiente social é muito diferente, e é para ele que devemos nos voltar em busca de explicação. O que existe em Samoa e está ausente nos Estados Unidos, o que existe nos Estados Unidos e está ausente em Samoa para explicar a diferença?

Essa questão tem enormes implicações, e qualquer tentativa de respondê-la estará sujeita a muitas possibilidades de erro. No entanto, se estreitarmos nossa questão ao modo segundo o qual aspectos da vida de Samoa que afetam irremediavelmente a vida da menina adolescente diferem das forças que influenciam nossas meninas em desenvolvimento, é possível tentar respondê-la.

O cenário dessas diferenças é amplo e tem dois componentes importantes; um se deve a características propriamente samoanas, o outro a características que são primitivas.

O cenário samoano que torna o desenvolvimento uma questão tão fácil, tão simples, é a informalidade geral de toda a sociedade. Samoa é um lugar onde ninguém faz apostas muito altas, ninguém paga preços muito elevados, ninguém sofre em razão de suas convicções nem luta até a morte por fins específicos. Discórdias entre pai e filho são resolvidas com a mudança do filho para a casa em frente, entre um homem e sua aldeia, com a mudança do homem para a aldeia vizinha, entre um marido e o sedutor de sua mulher, mediante algumas belas esteiras. Nem pobreza nem grandes desastres ameaçam as pessoas para fazê-las apegar-se imensamente à própria vida e tremer de medo de vê-la interrompida. Nenhum deus implacável, irascível e severo em seus castigos perturba o padrão invariável dos dias. Guerras e canibalismo extinguiram-se há muito, e agora a maior causa de lágrimas, afora a própria morte, é a viagem de um parente para outra ilha. Ninguém se apressa na vida nem é punido com rigor por desenvolver-se devagar. Em vez disso, os talentosos, os precoces, são contidos até que os mais lentos os tenham alcançado. Nas relações pessoais, o afeto é igualmente superficial. Amor e ódio, ciúme e vingança, sofrimento e luto são questões de semanas. Desde os primeiros meses de vida, quando a criança é passada de maneira descuidada das mãos de uma mulher para as de outra, aprende-se a lição de não gostar demais de uma pessoa, de não alimentar grandes esperanças diante de nenhum relacionamento.

Assim como sentimos que o Ocidente pune aqueles infelizes que nasceram na civilização ocidental com um gosto pela meditação e uma completa aversão pela atividade, podemos dizer que Samoa é benévola com os que aprenderam a lição de não se apegar e cruel com os poucos indivíduos que não a assimilaram. Lola, Mala e a pequena Siva, irmã de Lola, eram todas meninas mais emotivas que suas companheiras. Lola e Mala, desejando afeição de modo apaixonado e extravasando sobre a comunidade, de forma excessivamente violenta, a decepção por não a possuírem, eram ambas delinquentes, infelizes desajustadas numa sociedade que reservava todas as recompensas aos que não levavam a derrota muito a sério e se voltavam para alguma outra meta com um sorriso nos lábios.

Nessa atitude despreocupada em relação à vida, nessa evitação do conflito, de situações pungentes, Samoa contrasta fortemente não só com os Estados Unidos, mas com a maioria das civilizações primitivas. Por mais que possamos deplorar essa atitude e pressentir que as personalidades importantes e que a arte digna de nota não nascem numa sociedade tão rasa, devemos reconhecer que aqui está um forte aspecto do desenvolvimento indolor da infância para a maturidade. Pois ali, onde ninguém tem sentimentos muito fortes, o adolescente não será torturado por situações pungentes. Não existem escolhas desastrosas como aquelas com que se confrontavam jovens que sentiam que o serviço de Deus exigia que renegassem o mundo para sempre, como na Idade Média, ou cortassem fora o próprio dedo como oferenda religiosa, como entre os índios das planícies. Assim, no alto de nossa lista de explicações devemos colocar a falta de sentimentos profundos, que os samoanos convencionalizaram, até transformá-la na própria estrutura de todas as suas atitudes perante a vida.

Em seguida vem a maneira extremamente impressionante pela qual todas as civilizações primitivas isoladas e muitas civilizações modernas diferem da nossa no número de escolhas permitidas a cada indivíduo. Nossas crianças crescem para encontrar um mundo de escolhas que ofuscam seus olhos não acostumados. Em religião, elas podem ser católicas, protestantes, cientistas cristãos, espiritualistas, agnósticas, ateias ou até não prestar nenhuma atenção à religião. Essa é uma situação impensável em qualquer sociedade primitiva não exposta a influência estrangeira. Há um único conjunto de deuses, uma prática religiosa aceita, e se um homem não crê, seu único recurso é crer menos que seus semelhantes; ele pode zombar, mas não há nenhuma nova fé para a qual se voltar. O povo das ilhas Manu'a dos dias atuais aproxima-se dessa condição; todos são cristãos da mesma seita. Não há conflito em matéria de crença, embora haja uma diferença de prática entre os que pertencem e os que não pertencem à Igreja. Observou-se que, no caso de várias das meninas em desenvolvimento, a necessidade de escolher entre essas duas práticas pode um dia produzir conflito. Mas hoje em dia a Igreja oferece muito pouco a jovens solteiros para forçar o adolescente a tomar qualquer decisão.

De maneira semelhante, nossas crianças se defrontam com meia dúzia de padrões de moralidade: um duplo padrão sexual para homens e mulheres, um único padrão para homens e mulheres, grupos que defendem que o padrão único deveria ser a liberdade, ao passo que outros propugnam que ele deveria ser a monogamia absoluta. Casamento experimental, casamento por compaixão, contrato de casamento – todas essas soluções para um impasse social são expostas às crianças em desenvolvimento, enquanto as condições reais em suas próprias comunidades e os filmes e revistas as informam de grande número de violações de cada código, violações que não marcham sob nenhuma bandeira de reforma social.

A criança samoana não enfrenta nenhum dilema desse tipo. Sexo é uma coisa natural, agradável; a liberdade com que ele pode ser desfrutado é limitada por uma única consideração: status social. Filhas de chefes e esposas de chefes não devem se permitir nenhum experimento extraconjugal. Adultos responsáveis, chefes de família e mães de família devem ter muitos assuntos importantes na cabeça para que lhes sobre tempo para aventuras amorosas fortuitas. Todos na comunidade concordam quanto ao tema, os únicos dissidentes são os missionários, que discordam, mas de tal forma vã que seus protestos não têm importância. No entanto, assim que um sentimento suficiente se avolumar em relação à atitude missionária e seu padrão europeu de comportamento sexual, a necessidade de escolha, precursora do conflito, ingressará na sociedade samoana.

Nossos jovens se defrontam com uma série de diferentes grupos que acreditam em diferentes coisas e defendem diferentes práticas, a cada um dos quais algum amigo ou parente em que confiam pode pertencer. Assim, o pai de uma menina pode ser presbiteriano, imperialista, vegetariano, abstêmio, ter forte predileção literária por Edmund Burke, ser adepto da livre sindicalização e de tarifas elevadas, acreditar que o lugar da mulher é em casa, que meninas deveriam usar espartilhos, não enrolar as meias, não fumar nem andar de carro com rapazes à noite. Mas o avô materno dessa mesma menina pode ser um baixo episcopaliano, adepto de um estilo de vida luxuoso, forte defensor dos direitos dos estados da Federação e da doutrina Monroe, leitor de Rabelais e frequentador de espetáculos musicais e corridas de cavalo. Sua tia é agnóstica, ardorosa defensora dos direitos da mulher, uma internacionalista que deposita toda a sua confiança no esperanto, devota de Bernard Shaw e dedica seu tempo livre a campanhas contra a vivissecção. Seu irmão mais velho, a quem ela admira imensamente, acaba de passar dois anos em Oxford; ele é anglo-católico, entusiasta de todas as coisas medievais, escreve poesia mística, lê Chesterton e pretende dedicar sua vida a procurar o segredo perdido dos vitrais da Idade Média. O irmão mais moço de sua mãe é engenheiro, materialista restrito que nunca se recuperou da leitura que fez de Haeckel na juventude; ele despreza a arte, acredita que a ciência salvará o mundo, escarnece de tudo que foi dito e pensado antes do século XIX e arruína a própria saúde com experimentos sobre a eliminação científica do sono. A mãe da menina tem uma disposição de espírito quietista, é muito interessada em filosofia indiana, é pacifista, não militante de causa alguma e, apesar da devoção da filha por ela, não fará nenhum gesto para aliciar seu entusiasmo. E isso pode estar no próprio lar da menina. Acrescente a isso os grupos representados e defendidos por seus amigos, seus professores e os livros que ela lê por acaso, e a lista de possíveis ardores, de lealdades sugeridas, incompatíveis umas com as outras, torna-se estarrecedora.

As escolhas da menina samoana são muito diferentes. Seu pai é membro da Igreja, e assim também seu tio. Seu pai vive numa aldeia onde a pesca é farta; o tio, numa aldeia onde há abundância de caranguejo-dos-coqueiros. Seu pai é bom pescador e em sua casa há muito o que comer; seu tio é um porta-voz do chefe da aldeia e seus frequentes presentes de roupas de casca de árvore fornecem excelentes trajes para a dança. Seu avô paterno, que mora com seu tio, tem muitos segredos sobre cura para lhe ensinar; sua avó materna, que mora com sua mãe, trança leques com muita habilidade. Os meninos na aldeia do tio são admitidos mais cedo na *Aumaga*,* e as visitas que fazem à sua casa não são muito divertidas, mas há três meninos em sua própria aldeia de quem ela gosta muito. Seu grande dilema é morar com o pai ou com o tio, problema claro e direto, que não introduz nenhuma perplexidade ética, nenhuma questão de lógica impessoal. Sua escolha não será tampouco tomada como questão pessoal, como outros familiares poderiam interpretar a lealdade de uma menina americana às ideias de determinado parente. Os samoanos terão certeza de que ela escolheu uma residência em vez da outra por razões perfeitamente válidas, porque a comida era melhor, porque ela tinha um amante numa das aldeias ou porque brigara com o amante na outra aldeia. Em todos esses casos, ela estaria fazendo escolhas concretas dentro de um padrão reconhecido de comportamento. Nunca lhe foi exigido que fizesse escolhas envolvendo uma rejeição real dos padrões de seu grupo social, como deve fazer em nossa sociedade a filha de pais puritanos que permite carícias indiscretas.

Nossas meninas em desenvolvimento não são apenas confrontadas por uma série de grupos que defendem padrões diferentes e mutuamente exclusivos; um problema mais desconcertante se apresenta para elas. Como nossa civilização é

---

* Uma associação de homens jovens. (N.O.)

tecida de tantos fios diferentes, as ideias que qualquer grupo aceita revelarão numerosas contradições. Assim, se a menina tiver entregado sua lealdade entusiasticamente a um grupo qualquer e aceitado de boa-fé suas asserções de que apenas eles estão certos e todas as outras filosofias de vida são coisa do Anticristo e um anátema, seus problemas ainda não estarão encerrados. Enquanto as menos reflexivas recebem seus piores golpes na descoberta de que aquilo que seu pai acha bom é considerado ruim pelo avô, e de que coisas permitidas em casa são proibidas na escola, a criança mais reflexiva tem dificuldades mais sutis à sua espera. Se ela aceitou filosoficamente o fato de que há vários padrões entre os quais escolher, talvez ainda conserve uma fé infantil na coerência da filosofia que escolheu.

Depois da escolha imediata, que foi tão desorientadora e difícil de fazer que talvez tenha envolvido ferir seus pais ou alienar seus amigos, ela espera paz. Mas não contava com o fato de que cada uma das filosofias com que se defrontou é ela própria fruto não muito amadurecido de uma solução de compromisso. Se ela aceita o cristianismo, fica imediatamente confusa entre os ensinamentos do Evangelho relativos à paz, o valor da vida humana e a entusiástica aceitação da guerra por parte da Igreja. A conciliação feita dezessete séculos atrás entre a filosofia romana da guerra e da dominação e a doutrina de paz e humildade da Igreja primitiva ainda está presente para confundir a criança moderna. Se ela aceita as premissas filosóficas sobre as quais a Declaração de Independência dos Estados Unidos se fundou, vê-se diante da necessidade de compatibilizar a crença na igualdade do homem e nossas promessas institucionais de igualdade de oportunidades com o tratamento que dispensamos a negros e orientais. A diversidade de padrões na sociedade atual é tão evidente que mesmo a pessoa mais obtusa, menos curiosa, não pode deixar de percebê-la. Essa diversidade é tão antiga, está de tal modo incorporada a semissoluções, a essas soluções de compromisso entre diferentes filosofias que chamamos de cristianismo, democracia ou humanitarismo, que desconcerta os mais inteligentes, os mais curiosos, os mais analíticos.

Assim, para explicar a falta de pungência nas escolhas das meninas em desenvolvimento em Samoa, devemos olhar para o temperamento da civilização samoana, que desconsidera sentimentos fortes. No entanto, para justificar a falta de conflito, devemos olhar principalmente para a diferença entre uma civilização simples, homogênea, primitiva, uma civilização que muda tão devagar que parece estática para cada geração, e outra matizada, a diversa e heterogênea civilização moderna.

Ao fazer essa comparação, há uma terceira consideração, a falta de neuroses entre os samoanos e o grande número delas entre nós. Devemos examinar os fatores na educação que as crianças de Samoa recebem na primeira infância que as adequaram para um desenvolvimento normal, livre de neuroses. Os achados dos behavioristas e dos psicanalistas dão grande ênfase ao enorme papel desempenhado pelo desenvolvimento nos primeiros anos da vida. Crianças que tiveram um mau começo revelam com frequência mau funcionamento mais tarde, quando se veem diante de escolhas importantes. E sabemos que, quanto mais severa a escolha, mais conflito; quanto mais comoção se associa às exigências feitas ao indivíduo, mais neuroses daí resultarão.

A história, na forma da última guerra, forneceu uma assombrosa ilustração do grande número de indivíduos mutilados e deficientes cujos defeitos só apareceram sob estresse muito especial e terrível. Sem a guerra, não há razão para acreditar que muitos desses indivíduos não poderiam ter passado pela vida sem se fazer notar; o mau começo, os medos, os complexos, os maus condicionamentos da primeira infância nunca teriam dado frutos positivos o bastante para atrair a atenção da sociedade.

As implicações dessa observação são duplas. A ausência de situações difíceis em Samoa, de escolhas conflitantes, de ocasiões em que medo, dor ou ansiedade são extremamente aguçados, explicará em grande medida a ausência de desajustamento psicológico. Assim como uma pessoa com leve retardo mental não seria irremediavelmente incapacitada em Samoa, embora fosse um fardo público numa grande cidade americana, também os indivíduos com ligeira instabilidade nervosa têm chances muito mais favoráveis em Samoa que nos Estados Unidos. Além disso, o grau de individualização, o âmbito de variação, é muito menor em Samoa. Dentro de nossos limites mais amplos de desvio, há temperamentos inevitavelmente considerados fracos e não resistentes. Do mesmo modo como nossa sociedade mostra maior desenvolvimento de personalidade, ela mostra também maior proporção de indivíduos que sucumbiram ante as complicadas cobranças da vida moderna.

Apesar disso, é possível que haja no ambiente inicial da criança samoana fatores particularmente favoráveis à estabilidade nervosa. Assim como, em nossa civilização, podemos presumir que uma criança proveniente de um melhor ambiente familiar terá mais chances em todas as circunstâncias, é possível que a criança samoana não só seja tratada com mais gentileza por sua cultura, como também esteja mais bem equipada para as dificuldades que de fato encontra.

Essa suposição é reforçada pelo fato de que crianças pequenas samoanas saem aparentemente incólumes de experiências que com frequência têm graves efeitos sobre o desenvolvimento individual em nossa civilização. Nossas histórias de vida são cheias de dificuldades tardias, cuja origem pode ser atribuída a uma experiência precoce, extremamente carregada, com sexo, nascimento ou morte. No entanto, as crianças samoanas já estão familiarizadas com essas três coisas numa idade precoce, e isso sem acidentes. É muito possível que haja aspectos da vida da criança em Samoa que a equipem particularmente bem para atravessar a vida sem instabilidade nervosa.

Com essa hipótese em mente, vale a pena considerar em maior detalhe em que aspectos o ambiente social das crianças pequenas samoanas é mais evidentemente diverso do nosso. A maioria das diferenças gira em torno da situação familiar, o ambiente que primeiro e mais intensamente afeta a consciência da criança. A organização de um lar samoano elimina de uma só tacada, em quase todos os casos, muitas das situações especiais que, segundo se crê, produzem atitudes emocionais indesejáveis.

O caçula, o mais velho e o filho único raramente ocorrem, em razão do grande número de crianças numa casa, todas recebendo o mesmo tratamento. Poucas crianças são sobrecarregadas de responsabilidades, nem se tornam dominadoras e despóticas, como acontece tantas vezes com os filhos mais velhos; nem são isoladas, sequestradas do efeito socializante do contato com outras crianças, como ocorre tantas vezes com os filhos únicos; nenhuma criança é mimada e estragada até que sua visão acerca de seus merecimentos fique irremediavelmente distorcida, como é o destino tão frequente dos caçulas. Mas nos poucos casos em que a vida em família samoana se aproxima da nossa, as atitudes especiais que costumam acompanhar a ordem de nascimento e os laços afetivos estreitos com os pais tendem a se desenvolver.

O estreito relacionamento entre pai ou mãe e criança, que tem influência tão decisiva sobre tantos em nossa civilização, aquela submissão à figura parental ou a oposição a ela, que pode se tornar o padrão dominante de toda uma existência, não é encontrado em Samoa. Crianças criadas em casas onde há meia dúzia de mulheres adultas para cuidar delas e enxugar suas lágrimas e meia dúzia de homens adultos, todos representando a autoridade constituída, não distinguem seus pais de maneira tão nítida quanto as nossas. A imagem da mãe estimuladora, amorosa, ou do pai admirável, que pode servir para determinar escolhas afetivas depois, é um quadro compósito, feito de várias tias, primas, irmãs mais velhas e avós; composto de chefe, pai, tios, irmãos e primos. Em vez de aprender como sua primeira lição que há uma mãe bondosa cuja preocupação específica e principal é o seu bem-estar, e um pai cuja autoridade deve ser acatada, o bebê samoano aprende que seu mundo é composto por uma hierarquia de homens e mulheres adultos, todos dignos de confiança e que devem ser respeitados.

A falta de sentimento especializado que resulta dessa difusão da afeição no lar é ainda mais reforçada pela segregação estabelecida entre meninos e meninas, de modo que uma criança vê as do sexo oposto como parentes tabu, seja qual for sua individualidade, ou como inimigos atuais e futuros amantes, de novo independentemente da individualidade. A substituição da preferência pelo parentesco na formação de amizades completa o trabalho.

Quando chega à puberdade, a menina samoana aprendeu a subordinar a escolha na seleção de amigos ou amantes à observância de certas categorias. Amigos devem ser parentes do nosso próprio sexo; amantes, não parentes. Qualquer afirmação de atração pessoal ou compatibilidade entre parentes de sexo oposto deve ser objeto de zombaria. Tudo isso significa que as relações sexuais casuais não carregam nenhum ônus de forte ligação, que o casamento por conveniência, ditado por considerações econômicas e sociais, é entabulado com facilidade e informalmente rompido sem fortes emoções.

Nada poderia ser mais contrastante com o lar americano médio, com seu pequeno número de filhos, o vínculo estreito e teoricamente permanente entre os pais, o drama do ingresso de cada novo filho na cena e o destronamento do último bebê. Aqui a menina em desenvolvimento aprende a depender de poucas pessoas, a esperar as recompensas da vida de certos tipos de personalidade. Com essa primeira tendência a preferências nas relações pessoais, ela cresce brincando tanto com meninos quanto com meninas, aprendendo a conhecer bem irmãos, primos e colegas de escola. Não pensa em meninos como uma classe de pessoas, mas como indivíduos, agradáveis como o irmão de quem gosta muito, ou desagradáveis, dominadores, como o irmão com quem sempre se desentende. A preferência em matéria de constituição física, temperamento e caráter desenvolve-se e forma as bases para uma atitude adulta muito diferente, em que a escolha desempenha vívido papel. A menina samoana nunca experimenta as compensações do amor romântico tal como o conhecemos, nem sofre como uma velha solteirona que não agradou a ninguém, ou como a esposa frustrada num casamento que não satisfaz suas elevadas exigências.

Tendo aprendido um pouco sobre a arte de disciplinar o sentimento sexual em canais aprovados por toda a personalidade, nós tenderemos a julgar nossa solução melhor que a samoana. Para alcançar o que consideramos um padrão mais digno de relações pessoais, estamos dispostos a pagar a penalidade da frigidez no casamento e um enorme tributo de mulheres estéreis, solteiras, que se movem em insatisfeita procissão pelos palcos americano e inglês. Mesmo admitindo a desejabilidade desse desenvolvimento de reações sensíveis e discriminadoras à personalidade como base melhor para vidas humanas dignas que uma reação automática e indiferenciada à atração sexual, ainda podemos, à luz das soluções samoanas, considerar nossos métodos extremamente dispendiosos.

A estrita segregação de meninos e meninas aparentados e a hostilidade institucionalizada entre crianças de sexos opostos são traços culturais dos quais não demonstramos nenhuma simpatia. Estamos tentando substituir os vestígios dessas atitudes, manifestadas em nossas escolas para um só sexo, pela coeducação, por habituar um sexo ao outro o bastante para que a diferença de sexo seja desconsiderada em face das mais importantes e notáveis diferenças de personalidade. Não há ganhos reconhecíveis no sistema samoano de tabu e segregação, de resposta a um grupo, em vez de resposta a um indivíduo.

No entanto, quando comparamos o outro fator de diferença, a conclusão não é tão segura. Quais são as recompensas da pequenina e insular família biológica que opõe seu círculo fechado de afeição a um mundo ameaçador, dos fortes laços entre pais e filhos, laços que implicam uma relação pessoal ativa do nascimento até a morte? Especialização do afeto, é verdade, mas em troca da preservação, por muitos indivíduos, durante toda a vida, das atitudes de crianças dependentes, de laços entre pais e filhos que conseguem derrotar as tentativas da criança de fazer outros ajustamentos, da transformação de escolhas necessárias em algo desnecessariamente pungente, porque elas se tornam problemas numa relação emocional intensa.

Talvez estes sejam preços altos demais a pagar por uma especialização da emoção que pode ser promovida de outras maneiras, em particular mediante a coeducação. Com essa questão em mente, é interessante observar que uma comunidade familiar mais ampla, em que há vários homens e mulheres adultos, parece preservar a criança do desenvolvimento das atitudes paralisantes que foram rotuladas de complexos de Édipo, de Electra, e assim por diante.

O quadro de Samoa mostra que não é necessário canalizar tão profundamente a afeição de uma criança para seus pais; e sugere que, embora possamos rejeitar aquela parte do arranjo de Samoa que não nos oferece nenhuma recompensa, a segregação dos sexos antes da puberdade, podemos aprender com um quadro em que o lar não domina e distorce a vida da criança.

A presença de muitos pontos de vista enfaticamente defendidos e contraditórios e a enorme influência de indivíduos na vida de seus filhos em nosso país se reforçam mutuamente para produzir situações carregadas de emoção e dor. Em Samoa, o fato de o pai de uma menina ser uma pessoa dominadora e dogmática, o pai de sua prima ser alguém bondoso e sensato, e o pai de outra prima, uma pessoa vívida, brilhante e excêntrica, influenciará as três meninas em um único aspecto: a escolha da residência, caso um dos três pais seja chefe de um lar.

Mas as atitudes das três meninas em relação a sexo e religião não serão afetadas pelos diferentes temperamentos dos três pais, pois eles desempenham papel pequeno demais em suas vidas. Elas não são instruídas por um indivíduo, mas por um exército de parentes que incute nelas uma conformidade geral sobre a qual a personalidade dos pais tem efeito muito leve. Por meio de uma interminável cadeia de causa e efeito, diferenças individuais de padrão não são perpetuadas pela adesão dos filhos à posição dos pais; os filhos tampouco são lançados em atitudes bizarras e atípicas que poderiam constituir a base para o desvio e a mudança. Talvez ali, onde nossa própria cultura é tão carregada de escolhas, seja desejável mitigar, pelo menos numa pequena medida, o forte papel que os pais desempenham na vida dos filhos, eliminando assim um dos mais poderosos fatores acidentais nas escolhas de qualquer vida individual.

Os pais samoanos rejeitariam como indecoroso e odioso um apelo ético feito à criança em termos de afeição pessoal: "Seja bonzinho para agradar à mamãe"; "Vá à igreja por amor a seu pai"; "Não seja tão desagradável com sua irmã, isso deixa o papai triste". Onde há um padrão de conduta, e apenas um, essa indigna confusão de ética e afeição felizmente é eliminada. Mas onde há muitos padrões e todos os adultos esforçam-se desesperadamente para vincular seus filhos aos cursos particulares que eles próprios escolheram, recorre-se a meios tortuosos e não respeitáveis. Crenças, práticas e cursos de ação são impostos à criança em nome de uma lealdade filial. Em nossa visão ideal da liberdade do indivíduo e da dignidade das relações humanas, não é agradável perceber que desenvolvemos uma forma de organização familiar que muitas vezes aleija a vida emocional, distorce e confunde, em muitos indivíduos, o desenvolvimento da capacidade de viver com a consciência de suas próprias vidas.

O terceiro elemento do padrão samoano de falta de relações pessoais e falta de afeição especializada é o caso da amizade. Aqui, principalmente, os indivíduos são inseridos em categorias, e a reação é à categoria, a um "parente", ou à "mulher do porta-voz do chefe da aldeia de meu marido", ou ao "filho do porta-voz do chefe da aldeia de meu pai", ou à "filha do porta-voz do chefe da aldeia de meu pai". Considerações de simpatia ou identidade de modo de pensar são todas eliminadas em favor de associações sistematicamente arranjadas. Atitudes como estas, claro, seriam objeto de nossa completa rejeição.

Unindo os fios dessa discussão particular, podemos dizer que uma diferença notável entre a sociedade samoana e a nossa é a falta de especialização de sentimentos, em particular de sentimento sexual, entre os samoanos. Dessa diferença decorre, sem dúvida, uma parte da facilidade dos ajustes maritais num casamento de conveniência, a ausência de frigidez e impotência psíquica. Essa falta de especialização de sentimentos deve ser atribuída à família extensa e heterogênea, à segregação dos sexos antes da adolescência e à arregimentação da amizade – sobretudo ao longo de linhas de parentesco. No entanto, embora deploremos o preço em vidas desajustadas e frustradas que devemos pagar pela maior especialização do sentimento sexual em nossa própria sociedade, vemos o desenvolvimento da resposta especializada como um ganho de que não abriríamos mão. Um exame desses três fatores causais, contudo, sugere que poderíamos alcançar nosso objetivo desejado, o desenvolvimento de uma consciência de personalidade, por meio da coeducação e de amizades não sistematicamente arranjadas; e talvez nos livrar dos males inerentes às organizações familiares demasiado íntimas, eliminando assim parte da pena que pagamos em termos de desajuste sem sacrificar nenhum dos ganhos que tanto nos custaram.

A grande diferença seguinte entre a cultura de Samoa e a nossa, à qual podemos atribuir a menor produção de indivíduos desajustados, é a diferença na atitude em relação a sexo e à educação das crianças em matérias relativas a nascimento e morte. Nenhum dos fatos do sexo ou do nascimento é considerado inconveniente para as crianças, nenhuma criança precisa ocultar seu conhecimento com medo de punição nem refletir penosamente sobre ocorrências pouco compreendidas. Segredo, ignorância, conhecimento culpado, especulações inadequadas resultando em concepções grotescas que podem ter consequências de longo alcance, um conhecimento dos simples fatos físicos do sexo sem o conhecimento da excitação que os acompanha, do fato do nascimento sem as dores do parto, do fato da morte sem a degradação – todas as principais falhas de nossa fatal filosofia de poupar a criança do conhecimento da horrível verdade – estão ausentes em Samoa.

Além disso, a criança samoana, que participa intimamente da vida de grande número de parentes, tem muitas e variadas experiências em que basear suas atitudes emocionais. Nossas crianças, confinadas num só círculo familiar (e esse confinamento está se tornando cada vez mais frequente com o crescimento das cidades e a substituição de uma vizinhança de famílias proprietárias de casas por prédios de apartamentos com população transitória), muitas vezes devem sua única experiência com nascimento ou morte ao nascimento de um irmão ou irmã mais novos ou à morte de um dos pais ou um dos avós. Seu conhecimento de sexo, afora mexericos de crianças, vem de uma olhadela acidental na atividade dos pais. Isso tem várias desvantagens óbvias. Em primeiro lugar, a criança depende, para seu conhecimento, do ingresso do nascimento e da morte em seu lar; a criança mais nova numa família onde não há mortes pode chegar à idade adulta sem ter tido nenhum conhecimento próximo da gravidez, nenhuma experiência com crianças pequenas ou nenhum contato com a morte.

Grande quantidade de concepções fragmentárias da vida e da morte vai supurar na mente ignorante, inexperiente, e fornecerá um campo fértil para o crescimento posterior de atitudes desastrosas. Em segundo lugar, essas crianças extraem suas experiências de uma área de tom excessivamente emocional; podem entrar em estreito contato só com um nascimento durante os primeiros vinte anos de vida. E toda a sua atitude depende dos aspectos acidentais desse nascimento particular. Se ele é o de um irmão caçula que usurpa o lugar do mais velho, se a mãe morre no parto, se a criança que nasce é deformada, o nascimento pode parecer uma coisa horrível, acarretando apenas consequências indesejáveis.

Se o único leito de morte que a pessoa observou alguma vez é o da mãe, o simples fato da morte pode estar saturado de toda a emoção que essa perda provocou, pode carregar para sempre um efeito desproporcional às mortes particulares encontradas depois ao longo da vida. O intercurso sexual visto apenas uma ou duas vezes, entre parentes em relação aos quais a criança tem atitudes emocionais complicadas, pode gerar diversas suposições falsas. Nossos registros de crianças desajustadas estão cheios de casos em que elas compreenderam mal a natureza do ato sexual, interpretaram-no como luta acompanhada de ódio, ou como castigo, e recuaram aterrorizadas diante de uma experiência altamente carregada.

Nossas crianças estão, portanto, na dependência de sua experiência acidental com a vida e com a morte; e aquelas experiências que lhes foram concedidas situam-se no círculo familiar íntimo, sendo por isso a pior maneira possível de aprender fatos gerais sobre os quais é importante não adquirir nenhuma atitude especial e distorcida. Uma morte, dois nascimentos, uma experiência sexual, esse é um total generoso para a criança criada sob condições que consideramos compatíveis com o padrão de vida americano.

Diante do número de exemplos que consideramos preciso dar sobre como calcular os metros quadrados de papel necessários para forrar as paredes de um quarto de 2,5 × 3,5 × 4 metros, ou sobre como fazer a análise gramatical de uma frase em inglês, esse é um baixo padrão de experiências. Seria possível alegar que essas são experiências de tão elevado teor emocional que a repetição é desnecessária. Pode-se afirmar também que, se uma criança fosse severamente surrada antes de receber sua primeira lição sobre como calcular a quantidade necessária de papel para forrar as paredes de um quarto, e que, como uma sequência da lição, visse o pai bater na mãe com o atiçador de brasas, ela iria se lembrar para sempre dessa aula de aritmética. Mas aquilo que ela saberia sobre a real natureza dos cálculos envolvidos na colocação de papel de parede no quarto é duvidoso. Em uma ou duas experiências não se dá à criança nenhuma perspectiva, nenhuma chance de relegar os detalhes físicos grotescos e estranhos do processo da vida a seu devido lugar. Falsas impressões, impressões parciais, nojo, náusea, horror, desenvolvem-se em torno de um fato experimentado somente uma vez, sob intenso estresse emocional e numa atmosfera desfavorável à consecução, pela criança, de alguma compreensão real.

Um padrão de reserva que proíbe à criança qualquer tipo de comentário sobre suas experiências contribui para a persistência dessas falsas impressões, dessas atitudes emocionais estorvadoras; questões como "Por que os lábios da vovó estavam tão azuis?" são prontamente silenciadas. Em Samoa, onde a decomposição se inicia quase de imediato, uma repugnância franca e ingênua aos odores do apodrecimento por parte de todos os participantes de um funeral priva o aspecto físico da morte de qualquer significação especial. Assim, em nossos arranjos, não é facultado à criança repetir suas experiências, não lhe é permitido discutir as que teve e corrigir seus erros.

Com a criança samoana é profundamente diferente. O intercurso sexual, a gravidez, o parto, a morte, todas essas coisas são ocorrências bem conhecidas. Ela não as experimenta de maneira ordenada – como nós, se tivéssemos de decidir por alargar o campo experimental da criança, consideraríamos essencial. Numa civilização que desconfia da privacidade, filhos de vizinhos serão espectadores acidentais e impassíveis numa casa cujo dono está morrendo ou a mulher sofreu um aborto espontâneo. As crianças têm conhecimento da patologia dos processos da vida, assim como de seu curso normal. Uma impressão corrige a anterior até que elas sejam capazes, como adolescentes, de pensar sobre a vida, a morte e a emoção sem preocupação indevida com os detalhes puramente físicos.

Não se deve supor, no entanto, que a mera exposição de crianças a cenas de nascimento e morte seja garantia suficiente contra o desenvolvimento de atitudes indesejáveis. É provável que, mais influente até que os fatos que lhes são tão copiosamente apresentados, seja a atitude mental com que os mais velhos encaram a questão. Para eles, nascimento, sexo e morte são a estrutura natural e inevitável da existência, de uma existência que eles esperam que suas crianças mais novas compartilhem. Nosso comentário tantas vezes repetido de que "não é natural" que as crianças se defrontem com a morte iria parecer tão incongruente para eles quanto se disséssemos não ser natural que as crianças vejam outras pessoas comendo ou dormindo. Essa aceitação calma e prosaica da presença de seus filhos envolve a criança numa atmosfera protetora, preserva-a do choque e a liga mais estreitamente à emoção comum que lhe é tão dignamente permitida.

Como em todos os casos, é impossível separar aqui atitude de prática e dizer o que é principal. A distinção é feita apenas para nosso uso em outra civilização. Os pais americanos individuais, que acreditam numa prática como a samoana e permitem a seus filhos ver corpos humanos adultos e ganhar uma experiência mais ampla do funcionamento do corpo humano do que é comumente permitido em nossa civilização, estão construindo sobre areia. Pois assim que deixa o círculo protetor de seu lar a criança é bombardeada por uma atitude em relação a essas experiências na infância como coisas feias e antinaturais. É provável que a tentativa de pais individuais vá fazer à criança mais mal que bem, pois a necessária atitude social de apoio está ausente. Este é apenas um exemplo adicional das possibilidades de desajustamento inerentes a uma sociedade em que cada lar difere do outro; pois é no fato da diferença, não na sua natureza, que reside a tensão.

Sobre essa tranquila aceitação dos fatos físicos da vida os samoanos constroem, à medida que ficam mais velhos, uma aceitação do sexo. Aqui, mais uma vez, é necessário distinguir entre as partes de sua prática que parecem produzir resultados que decerto condenamos e aquelas que produzem resultados que desejamos. É possível analisar a prática sexual samoana do ponto de vista do desenvolvimento das relações pessoais, por um lado, e da eliminação da necessidade de dificuldades específicas, de outro.

Vimos que os samoanos têm um baixo nível de apreciação de diferenças de personalidade e uma pobreza de concepção acerca das relações pessoais. A aceitação da promiscuidade contribui de maneira indubitável para semelhante atitude. A simultaneidade de várias experiências; sua curta duração; a clara evitação do estabelecimento de qualquer laço afetivo; a alegre aceitação dos ditames de uma ocasião favorável, como na expectativa de infidelidade por parte de qualquer esposa cujo marido se ausente de casa; tudo isso serve para tornar o sexo um fim, e não um meio, algo que é valorizado em si mesmo e desaprovado na medida em que tende a ligar um indivíduo a outro.

É duvidoso que esse desdém pelas relações pessoais seja completamente contingente aos hábitos sexuais das pessoas. É provável que ele reflita também uma atitude cultural mais ampla, em que a personalidade é invariavelmente desconsiderada. Mas há um aspecto em que essas mesmas práticas tornam possível um reconhecimento da personalidade inúmeras vezes negado a muitos em nossa civilização, porque, a partir do completo conhecimento do sexo dos samoanos, de suas possibilidades e compensações, eles são capazes de lhe atribuir seu verdadeiro valor. Se não têm nenhuma preferência por reservar a atividade sexual para relacionamentos importantes, eles tampouco consideram os relacionamentos importantes pelo fato de proporcionarem satisfação sexual.

A menina samoana que dá de ombros diante da excelente técnica de um jovem Lotário* está mais perto do reconhecimento do sexo como força impessoal sem nenhuma validade intrínseca que a protegida menina americana que se apaixona pelo primeiro homem que lhe dá um beijo. De sua familiaridade com o ofuscamento que acompanha a excitação sexual vem esse reconhecimento da impessoalidade essencial da atração sexual, que podemos sem dúvida lhes invejar; de práticas demasiado ligeiras, demasiado fortuitas, surge o desdém pela personalidade que nos parece tão desagradável.

A maneira como a prática sexual do samoano reduz a possibilidade de neuroses já foi debatida. Desconsiderando nossa categoria de perversão, tal como aplicada à prática, e reservando-a para o pervertido psíquico ocasional, eles erradicam todo um campo de possibilidades neuróticas. Masturbação, homossexualidade, formas estatisticamente incomuns de atividades heterossexuais, nada disso é banido nem institucionalizado. Os limites mais amplos que essas práticas propor-

* Referência a um personagem sedutor presente em *Dom Quixote* (1605), de Miguel de Cervantes, retomado posteriormente na peça *The Fair Penitent* (1703), de Nicholas Rowe. (N.O.)

cionam impedem o desenvolvimento de obsessões de culpa, causa tão frequente de desajuste entre nós.

As mais variadas práticas heterossexuais permitidas preservam qualquer indivíduo de ser punido por um condicionamento especial. Essa aceitação de uma variação maior como algo "normal" fornece uma atmosfera cultural em que frigidez e impotência psíquica não ocorrem e que um ajustamento sexual satisfatório no casamento sempre pode ser estabelecido. A aceitação de uma atitude como essa, sem admitir de maneira alguma a promiscuidade, contribuiria muito para resolver vários impasses conjugais, esvaziando os bancos de nossos parques e nossas casas de prostituição.

Entre os fatores no esquema de vida samoano influentes na produção de indivíduos estáveis, bem-ajustados, robustos, a organização da família e a atitude em relação ao sexo são indubitavelmente as mais importantes. É necessário notar, porém, o conceito educacional geral que condena a precocidade e mima o lento, o molenga, o desajeitado. Numa sociedade em que o ritmo da vida fosse mais rápido, as recompensas melhores, a quantidade de energia despendida maior, as crianças inteligentes poderiam desenvolver sintomas de tédio. Mas o andamento mais lento ditado pelo clima, a sociedade complacente e pacífica e a compensação da dança, em sua espalhafatosa e precoce exibição de individualidade que remove parte da insatisfação sentida pela criança inteligente, evita que qualquer criança fique entediada demais. O desajeitado não é aguilhoado e arrastado, forçado a andar mais depressa do que é capaz, até que, doente pelo esforço impossível, desista por completo. Essa estratégia educacional também tende a empalidecer as diferenças individuais e, assim, a minimizar a inveja, a rivalidade e a competição, essas atitudes sociais que brotam de discrepâncias de talentos e têm efeitos de tão longo alcance sobre a personalidade do adulto.

Essa é uma maneira de revolver o problema das diferenças entre indivíduos e um método de solução extremamente adequado a um mundo adulto severo. Quanto mais tempo a criança for mantida em estado de submissão, de não iniciado, mais ela absorverá a atitude cultural geral, menos se tornará um elemento perturbador. Além disso, se lhes for dado tempo, os desajeitados podem aprender o suficiente para fornecer um sólido corpo de conservadores sobre cujos ombros a carga da civilização pode repousar em segurança. Dar títulos a rapazes seria valorizar os excepcionais; dar títulos a homens de quarenta anos, que afinal adquiriram treinamento suficiente para possuí-los, assegura a continuação do habitual. Também desestimula os brilhantes, de modo que sua contribuição social é menor que em outras condições.

Devagar, às apalpadelas, estamos abrindo nosso caminho para solucionar esse problema, ao menos no caso da educação formal. Até muito recentemente, nosso sistema educacional oferecia apenas duas soluções muito parciais para as dificuldades inerentes a uma grande discrepância entre as crianças distintamente dotadas e com diversos ritmos de desenvolvimento. Uma delas consistia em conceder tempo longo o bastante para cada passo educacional, de modo que todos, salvo os mentalmente deficientes, pudessem ter sucesso, método semelhante ao samoano, mas sem sua pista de dança compensatória.

A criança inteligente, refreada, presa a tarefas intoleravelmente enfadonhas, a menos que tivesse a sorte de encontrar alguma válvula de escape para sua energia incomum, tendia a gastá-la com a vadiagem e a delinquência geral. Nossa única alternativa para isso era fazer a criança "pular de ano", confiando em sua inteligência superior, que lhe permitiria transpor as lacunas. Esse era um método adequado ao entusiasmo americano por carreiras meteóricas, indo desde as moradias rústicas até a Casa Branca. Suas desvantagens, ao dar à criança uma base esquemática, descontínua, e retirá-la de seu grupo etário, foram enumeradas vezes demais para que eu precise repeti-las aqui. Mas vale a pena notar que, com uma valorização da habilidade individual muito diferente daquela da sociedade samoana, usamos durante anos uma solução parecida com a dela, e menos satisfatória, em nossas tentativas de educação formal.

Os métodos que educadores experimentais estão adotando em lugar dessas soluções insatisfatórias, esquemas como o Plano Dalton,* ou as classes rapidamente mutáveis em que um grupo de crianças pode avançar em velocidade acelerada e constante, sem prejuízo para si mesma ou para seus colegas mais lentos, são um notável exemplo dos resultados da aplicação da razão às instituições de nossa sociedade. A antiga e tradicional escola americana era um fenômeno quase tão acidental e casual quanto a pista de dança samoana. Era uma instituição que se desenvolvera em resposta a uma necessi-

* Inovação educacional introduzida por Helen Parkhurst (1887-1973) na Children's University School, em Nova York, em 1914, inspirada em educadores como Maria Montessori e John Dewey. Em 1918, o método foi adotado nas escolas públicas de Dalton, Massachusetts. Cada aluno deveria desenvolver-se em seu próprio ritmo, recebendo atenção individual dos professores ou mesmo de colegas, quando necessário. Não havia uma rotina rígida de disciplinas e os alunos eram estimulados a assumir parte da responsabilidade pela organização das aulas e do calendário escolar. (N.O.)

dade vagamente sentida, não analisada. Seus métodos eram análogos àqueles usados pelos povos primitivos, soluções não racionalizadas para problemas prementes. Mas a institucionalização de diferentes métodos de educação para crianças com capacidades e ritmos de desenvolvimento diversificados não parece nada com o que encontramos em Samoa ou em qualquer outra sociedade primitiva. Ela é o direcionamento consciente e inteligente de instituições humanas em resposta a necessidades humanas observadas.

Outro fator na educação samoana que resulta em atitudes diferentes é o lugar do trabalho e da brincadeira na vida das crianças. As crianças samoanas não aprendem a trabalhar enquanto aprendem a brincar, como os filhos de muitos povos primitivos. Nem lhes é concedido um período de falta de responsabilidade, como é permitido às nossas crianças. Desde os quatro ou cinco anos, elas desempenham tarefas definidas, compatíveis com sua força e inteligência, porém, ainda assim, tarefas que têm um sentido na estrutura da sociedade em seu conjunto. Isso não significa que elas tenham menos tempo para brincar que as crianças americanas, que ficam todo dia fechadas nas escolas, das 9h da manhã às 3h da tarde.

Antes da adoção das escolas para complicar a rotina ordenada de sua vida, o tempo que a menina samoana passava em pequenas incumbências, varrendo a casa, carregando água e tomando conta do bebê, talvez fosse menor que aquele que a aluna americana dedica a seus estudos.

A distinção não reside na proporção de tempo em que suas atividades são dirigidas e naquela em que são livres, mas sobretudo na diferença de atitude. Com a profissionalização da educação e a especialização das tarefas industriais que privaram o lar individual de sua antiga variedade de tarefas, nossas crianças não são levadas a sentir que o tempo que de fato dedicam às atividades supervisionadas está funcionalmente relacionado ao mundo das atividades adultas. Embora seja mais aparente que real, essa falta de conexão ainda é vívida o bastante para ser um poderoso determinante da atitude da criança.

A menina samoana que cuida de bebês, carrega água, varre o chão, ou o menino que escava o chão à procura de iscas, ou apanha cocos, não tem essa dificuldade, tão óbvia é a natureza necessária de suas ocupações. A prática de dar à criança uma tarefa que ela pode desempenhar bem e jamais permitir um manejo infantil, ineficiente, de mecanismos adultos, como permitimos às nossas crianças, que batucam a esmo e destrutivamente as máquinas de escrever de seus pais, resulta numa atitude diferente em relação ao trabalho.

As crianças americanas passam horas em escolas aprendendo tarefas cuja relação visível com as atividades de suas mães e pais é muitas vezes impossível de reconhecer. Sua participação nas atividades dos adultos dá-se em termos de brinquedos, aparelhos de chá, bonecas e carrinhos, ou da manipulação sem sentido e prejudicial do sistema de luz elétrica. (Deve-se compreender que, aqui, como sempre, quando falo "americano" não tenho em mente os americanos recém-chegados da Europa, que ainda apresentam uma tradição diferente de educação. Um desses grupos seria o dos italianos do Sul, que ainda esperam que seus filhos desempenhem algum trabalho produtivo.)

Assim, nossas crianças constroem um falso conjunto de categorias, trabalho, brincadeira e escola; trabalho para os adultos, brincadeira para as crianças e escola como um inexplicável aborrecimento com algumas compensações. Essas falsas distinções tendem a produzir toda espécie de atitudes estranhas: o tratamento apático de uma escola que não tem nenhuma relação conhecida com a vida; a falsa dicotomia entre trabalho e diversão que pode resultar em pavor do trabalho, como algo que implica responsabilidade maçante; ou o desprezo posterior da brincadeira, qualificada como algo infantil.

A dicotomia para a criança samoana é diferente. Trabalho consiste naquelas tarefas necessárias que mantêm a vida social em curso: plantio, colheita e preparo da comida, pesca, construção da casa, confecção de esteiras, cuidados com as crianças, acumulação de bens para validar casamentos, nascimentos e herança de títulos e acolhida de estrangeiros – essas são as atividades necessárias da vida, das quais todos os membros da comunidade, até a menor das crianças, participam. O trabalho não é uma maneira de conquistar o lazer; num lugar onde toda a família produz sua própria comida, suas roupas e seus móveis, onde não há uma grande quantidade de capital imobilizado e as famílias de categoria elevada caracterizam-se simplesmente por maior industriosidade no cumprimento de obrigações mais pesadas, toda a nossa concepção de poupança, de investimento e de prazer adiado está completamente ausente. (Há até uma falta de estações claramente definidas para a colheita, o que resultaria em abundância especial de alimento e consequentes banquetes. A comida é sempre abundante, exceto em alguma pequena aldeia na qual poucas semanas de escassez podem se seguir a um período de recepções pródigas.)

Na verdade, o trabalho é algo que prossegue o tempo todo para todos; ninguém está isento dele; poucos ficam sobrecarregados. Há recompensa social para o industrioso, tolerância social em relação ao homem que mal faz o bastante. E há sempre lazer – e esse lazer, observe-se, não é em absoluto o resultado de trabalho árduo ou de capital acumulado, mas apenas de um clima ameno, de uma população pequena, de um sistema social bem-integrado e de nenhuma demanda social em relação a gastos espetaculares. Diversão é o que se faz com o tempo que sobra do trabalho, a maneira de preencher os amplos espaços numa estrutura de trabalho não exaustivo.

A diversão inclui dança, canto, jogos, confecção de colares de flores, flerte, conversas espirituosas e todas as formas de atividade sexual. Há instituições sociais como a visita cerimonial entre aldeias, que tem um tanto de trabalho e outro tanto de diversão. Mas as distinções entre o trabalho, como alguma coisa que se é obrigado a fazer, mas não se aprecia, e a diversão, como algo que se quer fazer; entre o trabalho como a principal atividade dos adultos e a brincadeira como o principal interesse das crianças; tudo isso está claramente ausente. As diversões das crianças são parecidas com as dos adultos em gênero, interesse e em sua relação com o trabalho. A criança samoana não tem nenhum desejo de transformar atividades adultas em brincadeiras, de traduzir uma esfera na outra.

Enviaram-me dos Estados Unidos uma caixa de cachimbos de argila para fazer bolhas de sabão. As crianças conheciam as bolhas, mas seu método nativo de soprá-las era muito inferior ao uso de cachimbos de argila. No entanto, depois de se deleitar por alguns minutos com o tamanho e a beleza incomuns das bolhas de sabão, uma menininha me perguntou se poderia, por favor, levar seu cachimbo para casa, a fim de dá-lo à mãe, porque cachimbos deviam ser usados para fumar, não para brincar. Bonecas estrangeiras não as interessavam, e elas não têm bonecas próprias, embora crianças de outras ilhas montem bonecas com as folhas de coqueiro que as crianças de Samoa utilizam para tecer bolas. Elas nunca fazem casinhas de brinquedo, não brincam de casinha nem põem barcos de brinquedo para navegar. Meninos pequenos entram numa canoa havaiana e praticam remo na segurança da laguna. Toda essa atitude conferia maior coerência à vida das crianças samoanas do que costumamos proporcionar às nossas.

Entre nós, a inteligibilidade da vida de uma criança é medida apenas em termos do comportamento de outras crianças. Se todas as outras crianças vão à escola, aquela que não o faz se sente incongruente em seu meio. Se a menina da casa ao lado tem aulas de música, por que Mary não tem? Ou por que Mary deve ter aulas de música se a outra menina não tem? Vemos uma diferença tão acentuada entre os interesses das crianças e os dos adultos que a criança não aprende a julgar seu próprio comportamento em relação à vida adulta. Assim, as crianças muitas vezes aprendem a considerar a brincadeira algo indigno em si mesmo, e, quando adultas, desvalorizam deploravelmente seus poucos momentos de lazer.

A criança samoana, contudo, mede seu próprio ato de trabalhar ou brincar em referência a toda a sua comunidade; cada item de conduta é dignificado em termos de sua relação, percebida como o único padrão que ela conhece, com a vida de uma aldeia samoana. Uma sociedade tão complexa e estratificada quanto a nossa não pode esperar desenvolver espontaneamente um esquema de educação tão simples. Mais uma vez, teremos grande dificuldade em arquitetar modos de participação para crianças e meios de articular sua vida escolar com o resto da vida que lhes deem a mesma dignidade que Samoa oferece às suas crianças.

A última das diferenças culturais que pode influenciar a estabilidade emocional da criança é a falta de pressão para fazer escolhas importantes. As crianças em Samoa são instigadas a aprender, a se comportar bem, a trabalhar, mas não a se apressar nas escolhas que elas próprias fazem. O primeiro ponto em que essa atitude se faz sentir é na questão do tabu de irmão e irmã, ponto cardeal de modéstia e decência. No entanto, o estágio exato em que o tabu deve ser observado sempre é deixado a critério da menina. Quando alcançar um ponto de discernimento, de compreensão, ela passará, por conta própria, a se sentir "envergonhada" e estabelecerá a barreira formal entre eles que irá perdurar até a velhice.

De maneira semelhante, a atividade sexual dos jovens nunca é estimulada, e tampouco eles são forçados a se casar em tenra idade. Onde as possibilidades de desvio em relação ao padrão aceito são tão ligeiras, alguns anos para mais ou para menos não ameaçam a sociedade. A criança que só chega mais tarde à compreensão do tabu entre irmãos e irmãs não representa de fato nenhum perigo.

Essa atitude *laissez-faire** foi transportada para a Igreja cristã samoana. Os samoanos não viam nenhuma razão para se pressionar as jovens solteiras a fim de que elas tomassem decisões importantes que estragariam parte do prazer de sua vida. Haveria tempo bastante para esses assuntos sérios depois que estivessem casadas, ou mais tarde ainda, quando estivessem bem seguras dos passos que estavam dando e corressem menos perigo de cair em pecado mais ou menos a cada mês.

* Em francês no original, com o sentido literal de "deixai fazer". (N.O.)

As autoridades missionárias, compreendendo as virtudes do avanço lento e muito aflitas para conciliar a ética sexual samoana com um código europeu ocidental, perceberam a grande desvantagem dos membros solteiros da Igreja que não estavam trancados em escolas religiosas. Por conseguinte, longe de estimular a adolescente a pensar sobre sua alma, o pastor nativo a aconselha a esperar até ficar mais velha, recomendação que ela aceita com muito prazer.

Entre nós, em especial no caso de nossas igrejas protestantes, há forte preferência pelo apelo à juventude. A Reforma, com sua ênfase na escolha individual, não se dispunha a aceitar a tácita filiação habitual à Igreja, que era o padrão católico, uma filiação marcada por dons sacramentais adicionais, mas que não exigia nenhuma conversão súbita, nenhuma renovação do sentimento religioso. A solução protestante é adiar a escolha só na medida do necessário, e, assim que a criança chega a uma idade que pode ser chamada de "idade do discernimento", faz-lhe um forte e dramático apelo. Esse apelo é reforçado pela pressão parental e social; a criança é convidada a escolher imediata e sabiamente. Embora essa posição nas igrejas que tiveram origem na Reforma e sua forte ênfase na escolha pessoal fossem historicamente inevitáveis, é uma lástima que a convenção tenha durado tanto. Ela foi adotada até por grupos reformistas não sectários, todos os quais consideram o adolescente o mais legítimo campo para sua atividade.

Em todas essas comparações entre Samoa e a cultura americana, muitos aspectos são úteis apenas para lançar um holofote sobre nossas próprias soluções, ao passo que em outros é possível encontrar sugestões para mudanças. Quer invejemos ou não uma das soluções de outros povos, nossa atitude em relação às nossas soluções deve ser amplamente ampliada e aprofundada por uma consideração da maneira pela qual outros povos enfrentaram os mesmos problemas. Compreendendo que nossos meios não são humanamente inevitáveis nem ordenados por Deus, mas fruto de uma longa e turbulenta história, decerto podemos examinar, sucessivamente, todas as nossas instituições que se tornaram muito mais claras graças ao confronto com a história de outras civilizações, pesando-as na balança, sem medo de considerá-las deficientes.

2. Configurações de cultura na América do Norte

Ruth Benedict

Nos últimos 25 anos, o fato mais importante na antropologia foi, sem dúvida, a acumulação de alguns retratos de corpo inteiro de povos primitivos. É difícil relembrar um tempo em que a possibilidade de reconstruir uma imagem mesmo que sofrível de qualquer tribo primitiva ainda se limitava a duas ou três regiões, todas cercadas por dificuldades. Os melhores relatos então disponíveis não eram resultado de uma investigação intencional da parte de estudiosos dos costumes, mas do feliz acaso que reunira um bom observador e uma cultura admirável, os registros de Sahagún, por exemplo, ou Codrington, na Melanésia.*

A vasta quantidade de material antropológico disponível era francamente anedótica, como nas narrativas de viajantes, ou era esquematicamente dissecada e tabulada, como nos relatos de muitos etnólogos. Nessas circunstâncias, o necessário debate antropológico geral recorria, como na época de Tylor, ao método comparativo, por definição episódico e esquemático. Ele buscava, mediante a reunião de grandes séries de ob-

* Frei Bernardino de Sahagún (c.1499-1590), frade franciscano espanhol, autor da *Historia general de las cosas de la Nueva España*, na qual descreveu a história e a cultura dos astecas, logo após a conquista pelos espanhóis. O inglês Robert Henry Codrington (1830-1922) foi um missionário anglicano que fez os primeiros estudos sobre as sociedades da Melanésia. (N.O.)

servações dissociadas de seu contexto, estabelecer "a" mente primitiva, ou "o" desenvolvimento da religião, ou "a" história do casamento.

Por força das necessidades impostas por essa mesma situação, floresciam também as escolas estritamente difusionistas, que transformavam em virtude a limitação dos materiais a seu dispor e operavam unicamente com objetos isolados, nunca com seu cenário ou sua função na cultura de que provinham.

A crescente insatisfação com essas duas abordagens teóricas dominantes do que por certo podemos chamar de período anedótico da etnologia esteve sempre explícita na insistência de Boas no estudo exaustivo de qualquer cultura primitiva, e é atualmente proclamada da maneira mais clara por Malinowski. O vigor deste último volta-se contra o grupo difusionista, não contra os Frazer e os Westermarck do método comparativo; mas, em seu trabalho, ele insiste sempre que a teoria antropológica não deve levar em conta itens isolados, mas culturas humanas como totalidades orgânicas e funcionais. Ele queria que compreendêssemos que, quando uma coleção de museu de objetos dos Niam-Niam é instalada, ou quando uma monografia de tipo semelhante é publicada, continuamos sem conhecer coisa alguma sobre esse povo, a menos que saibamos de que maneira o arranjo da casa, os artigos de vestuário, as regras de evitação ou de casamento, as ideias sobre o sobrenatural, sobre como cada objeto e cada traço cultural, em outras palavras, é empregado em sua vida nativa.

De modo um pouco decepcionante, Malinowski não passa em seguida ao exame dessas totalidades culturais, mas contenta-se em concluir sua argumentação assinalando, em cada contexto, que todo traço funciona no complexo cultural total, conclusão que se assemelha mais ao início da investigação que ao seu término. Pois se trata de uma posição que conduz diretamente à necessidade de investigar em que espécie de totalidade esses traços funcionam e que referência eles mantêm com a cultura total. Em que medida os traços conseguem estabelecer uma inter-relação orgânica? Os leitmotiven* no mundo pelos quais eles podem ser integrados são muitos ou poucos? Os funcionalistas não formulam essas questões.

Ora, o que se torna cada vez mais patente à medida que longas descrições de povos primitivos são publicadas é que essas culturas, embora compostas de forma tão esmagadora por elementos díspares, reunidos ao acaso, a partir de todas as direções, pela difusão, nem por isso deixam de ser, de modo reiterado, integradas segundo padrões muito diferentes e individuais. A ordem alcançada não é um mero reflexo do fato de que cada traço tem uma função pragmática – o que se parece muito com a grande descoberta, na fisiologia, de que o olho normal enxerga e a mão dotada de músculos normais agarra; ou, mais exatamente, a descoberta de que não existe nada na vida humana que a humanidade não tenha adotado e racionalizado. A ordem deve-se antes à circunstância de que, nessas sociedades, foi estabelecido um princípio segundo o qual o material cultural reunido é transformado em padrões coerentes segundo certas necessidades internas, desenvolvidas dentro do grupo. Essas sínteses são de várias espécies. Para algumas delas temos terminologia conveniente, para outras, não. Em todos os casos, elas são a consecução mais ou menos bem-sucedida de um comportamento integrado, que se torna

* Em alemão no original, significa "motivos condutores". (N.O.)

ainda mais notável para o antropólogo em razão de seu conhecimento dos materiais dispersos e híbridos a partir dos quais a integração foi alcançada.

A proposta de que as culturas devem ser estudadas a partir desse ponto de vista e de que ele é decisivo até para a compreensão de nossa própria história cultural foi apresentada pela escola alemã liderada por Wilhelm Dilthey e popularmente representada em países anglófonos por Oswald Spengler, em *A decadência do Ocidente*.[1] Para essa escola filosófica, a história é a sucessão de filosofias de vida culturalmente organizadas e a filosofia é o estudo dessas grandes leituras da vida. Para o próprio Dilthey, a ênfase recai de maneira apenas secundária, e como que acidental, sobre a configuração da própria cultura para expressar essas diferentes leituras da vida. Sua ênfase principal incide sobre essas grandes interpretações como expressões da variedade da existência e está dirigida contra a suposição de que qualquer uma delas pode ser definitiva. Ele sustenta vigorosamente que configurações essenciais em filosofia são incomensuráveis e que suas categorias fundamentais não podem ser convertidas umas na outras.

Seu estudo mais sistemático, *Introdução às ciências humanas*, sem dúvida é historicamente descritivo. Quando Dilthey se torna sistemático, seus agrupamentos não são configurações em absoluto, mas tipos de personalidade em filosofia: ele agrupa Demócrito, Epicuro, Hobbes e os enciclopedistas franceses como exemplos de seu tipo "materialista-positivista", em contraposição ao qual estabelece o tipo de idealista objetivo e o de idealista da liberdade, ambos selecionados de forma eclética a partir de diferentes nações e eras. Em seus ensaios menos sistemáticos, porém, ele caracterizou bem certas notáveis atitudes culturais do período de Frederico o Grande e do período medieval, e fez uso frequente de ideias culturais. A elaboração de tipos de E. Spranger[2] é apriorística e subjetiva, não extraída do estudo da história. Ele apresenta como tipos seus o homem teórico, o homem econômico, o esteta, o homem gregário, o homem como exemplificação de uma vontade de poder, o homem religioso.

Spengler, no entanto, elaborou o aspecto cultural de sua escola filosófica. Evitou a tentativa dos demais de definir e limitar "os" tipos que podem ocorrer. Para ele, as "ideias de destino", sejam elas quais forem, que evoluem dentro de uma cultura e lhe conferem sua individualidade, são o que há de dinâmico e desafiador na vida humana. Essas ideias distinguem-se profundamente de uma cultura para outra e condicionam suas trajetórias, de tal modo que certas crenças e certas cegueiras são inevitáveis para elas. Cada grande cultura tomou determinada direção, não assumida por outra, e desenvolveu crenças e instituições até que elas se tornassem expressão dessa orientação fundamental, e é a plena elaboração dessa atitude única e extremamente individualizada diante da vida que importava naquela época cultural.

O estudo de Spengler causa impressão confusa, em razão de seu caráter discursivo e das complexidades não resolvidas das civilizações de que ele trata. De um ponto de vista antropológico, a crítica fundamental a seu trabalho é que ele envolve o tratamento da civilização estratificada moderna como se ela tivesse a homogeneidade essencial de uma cultura primitiva. A descrição que faz, em particular da visão de mundo moderna, que ele chama de faustiana, é apenas uma das descrições integradas que se poderiam traçar do homem moderno. Ela deve ser contrabalançada pela descrição de um Babbitt ou de um Roosevelt, por exemplo. Mesmo nisso, em razão da consideração bastante mística que ele tem por números, arquitetura, música, pintura, vontade, espaço e tempo, a definição de seus tipos torna-se confusa, e a identificação de suas diferentes "ideias de destino" faustianas em matemática, finanças, filosofia e moral é difícil de entender.

O princípio fundamental da filosofia de Dilthey e sua escola, tal como aplicado à civilização da Europa Ocidental, continua mais estimulador e instigante que convincente. A dificuldade – que o próprio Dilthey evitou em grande parte ao enfatizar sobretudo as tendências dominantes na filosofia, e não nas culturas em geral – é muito clara em Spengler; os dados históricos da Europa Ocidental são demasiado complexos, e a estratificação cultural é demasiado completa para se prestar, em nosso presente estado de conhecimento histórico, à necessária análise.

Uma das justificações filosóficas para o estudo de povos primitivos é que os dados etnológicos tornam claros fatos sociais fundamentais que de outro modo ficariam confusos e impossíveis de demonstrar. Entre eles, nenhum me parece mais importante que o das configurações fundamentais e características da cultura que padronizam a existência e condicionam as reações emocionais e cognitivas de seus portadores de tal modo que elas se tornam incomensuráveis, cada qual se especializando em certos tipos selecionados de comportamento, cada qual excluindo o comportamento próprio de seus opostos.

Recentemente examinei desse ponto de vista dois tipos de cultura representados no Sudoeste,[3] a dos índios pueblos, em contraposição às dos vários povos que os circundam. Chamei o ethos dos Pueblo de apolíneo, no sentido nietzschiano da busca cultural de sobriedade e moderação, da desconfiança em relação ao excesso e à orgia. Por outro lado, o tipo contrastante de Nietzsche, o dionisíaco, é ilustrado com abundância em todas as culturas circundantes. Esse tipo valoriza o excesso como fuga para uma ordem de existência além daquela dos cinco sentidos e encontra sua expressão na criação, no plano da cultura, de experiências dolorosas e arriscadas, e no cultivo de excessos emocionais e psíquicos, na embriaguez, nos sonhos e no transe.

A situação do Sudoeste fornece uma oportunidade excepcionalmente boa para o estudo do grau em que cenários psicológicos contrastantes desse tipo, depois de institucionalizados, podem moldar as culturas resultantes. Os índios pueblos são uma civilização muito bem delimitada e sabidamente muito antiga, ilhada em meio a culturas extremamente divergentes. Mas o insulamento de sua cultura não pode ser atribuído, como na Oceania, ao isolamento físico. Não há qualquer cadeia de montanhas, qualquer deserto intransponível, nem mesmo muitos quilômetros a separá-los de seus vizinhos. Esse é um insulamento cultural alcançado quase a despeito das condições geográficas. Os Pueblo orientais iam regularmente às planícies caçar búfalos, e o centro da região dos Pima fica a um dia de viagem a pé dos Hopi e dos Zuñi. O fato, portanto, de eles terem uma cultura complexa, contudo, mais notavelmente distinta da de seus vizinhos muito próximos que qualquer outra na América do Norte, torna sua situação inconfundível. A resistência que manteve afastados dos Pueblo[4] traços como o espírito guardião e a visão, o xamã, a tortura, a orgia, o uso cultural de substâncias tóxicas, as ideias de perigo místico associado ao sexo, a iniciativa do indivíduo e a autoridade pessoal em assuntos sociais, é uma resistência cultural, e não o resultado de um isolamento decorrente de fatos físicos do ambiente.

A cultura dos índios pueblos do Sudoeste, como ressaltei no artigo mencionado, é uma elaboração completa, institucionalizada, do tema da sobriedade e da moderação no comportamento. Esse tema dominante na verdade impediu o desenvolvimento daquelas situações dionisíacas típicas, que a maioria das tribos norte-americanas elabora a partir de cada fase da vida, cultivando o abandono e os excessos emocionais e transformando o nascimento, a adolescência, a menstruação, os mortos, o ato de matar e qualquer das outras crises da vida em ocasiões carregadas de ambivalência, cheias de perigo e força. Essa cultura recusou igualmente traços das culturas circundantes, como a autotortura, o uso cerimonial de drogas e a visão inspiradora, juntamente com toda a autoridade usualmente derivada do contato pessoal com o sobrenatural, isto é, o xamanismo. Ela abomina os impulsos perturbadores do indivíduo – falo numa taquigrafia animística, querendo dizer que sua propensão cultural opõe-se aos potenciais impulsos humanos para ter visões, fazer experiências com o prazer e extravasar sua energia em excessos da carne, acabando por reduzi-los ao mínimo.

Entre esses impulsos perturbadores, o ethos dos Pueblo inclui também a vontade de poder. Com a mesma firmeza com que agiu para obliterar a autotortura, ele agiu no sentido de apagar o impulso humano para o exercício da autoridade. O homem ideal dessa cultura evita a autoridade no lar ou num cargo público. O cargo acaba lhe sendo imposto, mas mesmo então a cultura já retirou da posição que ele deve ocupar qualquer coisa que se assemelhe a autoridade pessoal, no nosso sentido; ela continua a ser um cargo de confiança, um centro de referência no planejamento do programa comunal, não muito mais que isso.

A sanção para todos os atos decorre sempre da estrutura formal, não do indivíduo. Ele não pode matar, a menos que tenha o poder de escalpar ou planeje ser iniciado nesse poder – isto é, na sociedade guerreira organizada. Não pode curar só por saber como fazê-lo nem adquire sanção a partir de qualquer encontro pessoal com o sobrenatural, mas porque pagou para ascender ao posto mais elevado nas sociedades de cura. Mesmo que seja o sumo sacerdote, não plantará uma vara de prece, exceto nas estações institucionalmente prescritas; se o fizer, será acusado de praticar feitiçaria, pois, segundo demonstram as histórias em que essas situações ocorrem, de fato é isso que está fazendo. Portanto, o indivíduo devota-se às formas constituídas de sua sociedade. Ele participa de todas as atividades de culto e, segundo seus recursos, aumentará o número de máscaras possuídas pelos Zuñi, mandando fazer uma para si – o que envolve jejum e uma considerável despesa. Ele se encarregará de patrocinar as danças kachina segundo o calendário; irá promovê-las na grande dança de inverno, construindo para elas uma nova casa e assumindo as despesas de sua parte da cerimônia. Mas faz tudo num anonimato para o qual é difícil encontrar paralelo em outras culturas. Não as promove na tentativa de angariar prestígio. Socialmente, o bom homem nunca se eleva acima de seu próximo, exibindo autoridade. Ele põe todos à vontade, "fala muito", não dá ensejo a ofensa. Nunca é violento nem fica à mercê de suas emoções.

Todo o interesse da cultura está voltado para fornecer a cada situação conjuntos de regras e práticas por meio das quais se sobrevive sem recorrer à violência e à perturbação, aspectos de que sua cultura desconfia. Embora faça delas o principal motivo de sua religião,[5] até as práticas de fertilidade, associadas tão universalmente em outras culturas ao excesso e à orgia, são ritos não eróticos baseados em analogias e na magia compassiva. Debaterei adiante a meticulosidade com que os ritos de luto são projetados para o mesmo fim.

Essas configurações de cultura, construídas em torno de traços humanos selecionados e trabalhando em prol da obliteração de outros, são de importância capital para a compreensão da cultura. Traços objetivamente semelhantes e geneticamente associados podem ser utilizados em diferentes configurações, talvez, sem mudanças nos detalhes. Os fatos relevantes são o cenário emocional contra o qual o ato tem lugar nas duas culturas. Formaremos uma ideia sobre isso se imaginarmos a dança da cobra dos índios pueblos no cenário de nossa própria sociedade.

Entre os índios pueblos ocidentais, pelo menos, quase não se sente repulsa pela cobra. Eles não têm nenhum estremecimento fisiológico ao toque de seu corpo; na cerimônia, não experimentam profunda aversão nem horror. Quando nós nos comparamos com eles, nos situamos no polo emocionalmente oposto, mesmo que nos adaptemos com minúcia a seu padrão de comportamento. Para eles, depois de removido o veneno das cascavéis, todo o procedimento é equiparável a uma dança com águias ou com gatinhos. Essa é uma expressão apolínea de dança completamente característica, ao passo que, entre nós, com nossas reações emocionais à cobra, a dança não é possível nesse nível. Sem mudar um item no comportamento exterior da dança, sua significação emocional e seu funcionamento na cultura são invertidos. No entanto, com muita frequência, em monografias etnográficas, não temos como conhecer esse cenário emocional, nem mesmo nos traços em que ele se torna de importância básica, como, por exemplo, no sentimento em relação ao cadáver. Precisamos de dados muito mais relevantes, tomados em pesquisa de campo, para avaliar o panorama emocional.

A situação mais comum é aquela em que o traço é reelaborado para expressar a padronização emocional diversa, característica da cultura que o adotou. Essa reelaboração de traços de comportamento muito difundidos em diferentes configurações de cultura só pode ser descrita de forma adequada quando um corpo muito maior de dados de campo é apresentado a partir desse ângulo, e uma concordância muito maior já tiver sido alcançada entre os antropólogos, em relação às padronizações relevantes. No entanto, há certas configurações de cultura que estão claras a partir das monografias existentes, vindas não só – talvez nem mesmo principalmente – da América do Norte. Contudo, para estabelecer a validade da argumentação que estou apresentando, vou me limitar a traços difundidos por este continente e debater apenas traços culturais norte-americanos bem conhecidos, e a maneira pela qual eles foram moldados pelas tendências dominantes de certas culturas contrastadas.

Já me referi a práticas fúnebres. Há dois aspectos envolvidos em práticas fúnebres que considerarei em separado: por um lado, a situação de luto, por outro, a situação do indivíduo que matou outro.

A situação de luto é caracteristicamente tratada em culturas apolíneas e dionisíacas segundo sua propensão. O comportamento dionisíaco para o enlutado encontrou vários canais diferentes de expressão na região que estamos analisando na América do Norte. Em meio às planícies ocidentais, ele era uma expressão violenta de perda e consternação. A agonia tomava a forma da automutilação, em especial para as mulheres. Elas davam cutiladas na própria cabeça, nas panturrilhas, decepavam os dedos. Longas filas de mulheres marchavam através do acampamento depois da morte de uma pessoa importante, as pernas nuas e sangrando. Elas não limpavam o sangue de cabeças e pernas, deixando que ele coagulasse. Quando o corpo era conduzido para ser enterrado, todos os objetos existentes na tenda do morto eram jogados ao chão para que ninguém, exceto os parentes, deles se apossasse. A tenda era desmontada e dada a outra pessoa. Logo, tudo havia desaparecido e nada restava à viúva além da manta que a envolvia. Junto ao túmulo, os cavalos favoritos do homem eram mortos, e tanto homens quanto mulheres choravam pelo finado. Uma esposa ou filha podia ficar junto ao túmulo, lastimando-se e recusando-se a comer por 24 horas, até que seus parentes a arrastassem de lá. A intervalos, mesmo vinte anos depois de uma morte, eles choravam pelo morto ao passar por seu túmulo.[6]

Por ocasião da morte de uma criança, descreve-se que ocorre um abandono à agonia do luto. Com frequência, um ou outro dos pais recorre ao suicídio. Segundo Denig, entre os Assiniboine,

> caso alguém ofendesse o pai durante esse período, certamente morreria em seguida, pois o homem, em profundo sofrimento,

> procura algo em que se desforrar, e logo depois ele parte para a guerra, para matar ou ser morto, pouco lhe importando uma coisa e outra naquele estado.[7]

Essas descrições são características do luto nas planícies. Elas têm em comum padronizações sociais basilares de luto violento e descontrolado. Isso nada tem a ver, claro, com a questão de ser esta ou não a emoção evocada em todos que participam dos ritos; está em pauta apenas o fato de que nessa região o comportamento institucionalizado na crise é moldado segundo a livre expansão emocional.

Numa cultura apolínea típica, como a dos índios pueblos de Isleta, por outro lado, o luto das planícies é inconcebível. Isleta, como qualquer outra sociedade apolínea, dota-se de regras que lhe permitem excluir qualquer tipo de violência e de disposições de ânimo agressivas. Sentimentos fortes lhe são repulsivos; mesmo por ocasião da morte, a mais obstinadamente inescapável das ocasiões trágicas da vida, toda ênfase está em fornecer uma rotina que permita seguir adiante com a menor conturbação possível.

Em Isleta, um sacerdote conhecido como a Mãe Milho Preto, que é funcionário de uma das quatro divisões "Milho" entre os índios pueblos, oficia por ocasião da morte. Ele é chamado de imediato e prepara o cadáver, escovando o cabelo e pintando o rosto do morto com marcas de identificação de sua afiliação social. Depois os parentes entram, cada qual trazendo uma vela para o morto, e a Mãe Milho ora e manda as pessoas embora novamente. Depois que elas saem, ele e seus auxiliares "alimentam" o falecido cerimonialmente com a mão esquerda – associada a fantasmas – e montam um altar no quarto. Durante todo esse cuidado ritual dispensado ao morto, os parentes só são admitidos mais uma vez, e isso ocorre quando o sacerdote tem pronto um pequeno chumaço queimado de cabelos do morto. Os enlutados inalam a fumaça desse chumaço, e desse modo cessarão de se afligir por causa do defunto.

O enterro é realizado no dia seguinte, mas a família e os parentes são considerados cerimonialmente tabus durante quatro dias, período em que ficam recolhidos na casa do morto, recebendo banhos rituais preparados pelo sacerdote. As formalidades que correspondem mais de perto ao sepultamento em outras regiões são realizadas durante o enterro de comida para o finado, no quarto dia. Os enlutados saem da aldeia para isso e, depois que o serviço termina, quebram o pote em que a água foi transportada e também a escova de cabelo usada para preparar o corpo para o enterro; na volta, cortam sua trilha com uma profunda incisão feita com uma faca de sílex. Eles põem-se à escuta e ouvem o morto chegar, à distância, ao lugar onde enterraram comida para ele. A casa está cheia de gente à espera de seu retorno, e a Mãe Milho Preto prega para todos, dizendo-lhes ser aquela a última vez em que precisam ter medo de que o morto retorne. Os quatro dias foram como quatro anos para ele, e por isso aqueles que os passaram em ritual estarão mais preparados para esquecê-lo. Os parentes vão para suas casas, mas as donas de casa observam os tabus usuais para a pureza cerimonial por mais oito dias, após o que tudo está terminado. A Mãe Milho Preto vai ao cacique e lhe devolve o poder que dele recebeu, e que deve receber sempre, para cada morte, mas do qual tem esse meio de se desfazer quando não é obrigado a exercê-lo. Isso é uma característica do toque apolíneo e muito comum no Sudoeste.[8]

Não há aqui nenhum comprazimento institucionalizado na tristeza, nenhum corte de dedos – nem mesmo de cabelo –, nenhuma laceração de corpos, nenhuma destruição de bens, nem mesmo uma encenação de sua distribuição. Em vez de insistência no luto prolongado dos mais diretamente afetados, toda a ênfase recai sobre o esquecimento imediato. Claro que as duas descrições são tipos conhecidos de comportamentos contrastantes, e eles são aqui institucionalizados para duas culturas contrastantes.

À primeira vista, diante da evidente oposição desses dois tipos institucionalizados de comportamento, é um tanto esquisito agrupá-los em contraposição a outro tipo, em relação ao qual eles se harmonizam. No entanto, isso é verdade. Em seus diferentes contextos, o Sudoeste e as planícies assemelham-se quando não tiram proveito das ideias de contaminação e terror. Não quero dizer com isso que o medo de contaminação ou o perigoso poder do terror nunca possam ser detectados nessa região; essas são atitudes humanamente potenciais, contra as quais talvez nenhuma cultura esteja lacrada de forma hermética. Mas a cultura não se beneficia delas. Em contraposição aos povos não pueblos do Sudoeste, por exemplo, esses dois grupos são parecidos ao dirigir realisticamente seu comportamento para a situação de luto, em vez de elaborar de maneira romântica a situação de perigo.

Em Isleta, o chefe do clã que oficia por ocasião da morte não tem de ser purificado, e a maldição do contato com os mortos é retirada dele quando os ritos se encerram; ele abandona suas prerrogativas oficiais como agente funerário do mesmo modo que abandonaria sua estola. Não foi contaminado por seu ofício. Tampouco o chumaço apresentado aos parentes é destinado a pô-los fora do alcance do desejo de vingança dos mortos, e sim a fazê-los esquecer depressa.[9] Eles quebram a escova de cabelo, não os ossos das pernas, porque o que estão simbolizando é o término da vida daquele homem, e não as precauções contra sua inveja e seu revanchismo.

De maneira semelhante, nas planícies,[10] a doação dos bens e a degradação da própria pessoa na aparência pessoal, tão comumente usada como artimanha para evitar a inveja do morto, são aqui gestos de pesar e estão associadas a outras manifestações semelhantes de esquecimento de si mesmo e da rotina ordinária, como partir para prantear sozinho nas pradarias, ou partir "para matar ou ser morto, uma coisa e outra, pouco lhe importando" em seu sofrimento. Eles não destroem o *tipi** e todos os cavalos do homem, pois não estão preocupados com a contaminação do cadáver nem com a malignidade do fantasma em relação àqueles que continuam a usar os animais. Ao contrário, seu único pensamento é dá-los. Eles tampouco tiram proveito daquele tema comum para a padronização de uma situação de perigo, o medo e o ódio da pessoa que usou de poder sobrenatural para matar o finado.

Nas regiões circundantes, entretanto, esses temas estão na própria base da cerimônia de luto. Não é incomum se constatar que os ritos de morte não são de forma alguma dirigidos à situação de perda, mas estão inteiramente preocupados com a contaminação. Os Navajo não são em absoluto exemplos extremos disso. Os padres franciscanos[11] nos contam que, em

* Tipo de tenda em forma de cone típica das tribos nômades das planícies norte-americanas. (N.O.)

tempos mais antigos, escravos eram empregados para preparar e carregar o cadáver, e depois eram mortos à beira do túmulo. Agora, membros da família são obrigados a se expor a essa poluição. Homens e mulheres despem-se para a tarefa, ficando apenas de tanga, e deixam o cabelo solto, de modo que nem mesmo um cordão usado para prendê-lo possa ficar exposto. Para os Navajo, ambos os tipos de comportamento que acabamos de descrever seriam inconcebíveis. Só aqueles que não podem evitar o dever em razão de seu estreito parentesco acompanham o corpo. Quatro são necessários, um para conduzir o cavalo favorito, que deverá ser morto sobre o túmulo de seu dono, dois para carregar o cadáver e um para avisar a qualquer viajante pelo caminho que ele deve se desviar e evitar a profanação. Para se proteger, os enlutados mantêm absoluto silêncio. Nesse ínterim o *hogan** em que a morte ocorreu foi totalmente destruído pelo fogo. Todos os membros da família jejuam por quatro dias, e durante esse tempo um guarda avisa a todos que chegam que eles devem se afastar da trilha entre o *hogan* e o túmulo, sob pena de correr perigo.[12]

Além do medo dominante da poluição, os Navajo também têm forte medo do retorno do fantasma. Se uma mulher deixa de cumprir o jejum ou rompe o silêncio, isso mostrará ao morto o caminho de volta, e o fantasma fará mal ao transgressor. Esse desconforto dos vivos na presença do morto é quase universal, embora assuma proporções muito diferentes em culturas distintas.

---

* Tipo de cabana feita de madeira e barro, típica dos Navajo. (N.O.)

Por outro lado, o temido desejo de vingança do fantasma e sua malignidade em relação aos que foram poupados pela morte não é tão popular na América no Norte, na elaboração do horror da situação, quanto na América do Sul e em outras partes do mundo. Esse é um tema que, para Crawley,* por exemplo, assume função fundamental em práticas mortuárias, e é notável que desempenhe papel tão pouco importante na América do Norte. Um dos exemplos mais claros neste continente vem dos Fox.

Os Algonquino da região central têm uma forte crença em antagonistas cruéis que os mortos devem sobrepujar ao longo de seu caminho, e o costume de enterrar armas com o corpo destinava-se a permitir que se armassem contra eles. Entre os Winnebago, também,[13] machadinhas de guerra eram enterradas com os mortos para que eles pudessem matar animais que encontrassem pelo caminho e para que seus parentes neste mundo fossem abençoados de maneira semelhante. Mas Jones registra que, entre os Fox, era comum que os moribundos pedissem que lhes deixassem ter em seu túmulo uma machadinha de guerra para se proteger contra o Rachador de Crânios; mas os vivos não os atendiam, porque tinham medo dos mortos, e era desejável que eles estivessem desarmados. Portanto, estes se veem indefesos diante do Rachador de Crânios, que retira um naco de cérebro de cada um.[14]

Os Mohave, por outro lado, davam grande importância ao medo e à culpa do curandeiro que havia causado sobrenatural-

* Alfred Ernest Crawley (1869-1924), antropólogo, jornalista e esportista britânico; seu livro principal é *The Mystic Rose: A Study of Primitive Marriage*, de 1902. (N.O.)

mente a morte. Empregava-se um vidente para visitar a terra dos mortos após um falecimento. Se o finado não estivesse lá, sabia-se que o curandeiro que tratara dele era culpado de imperícia. "É da natureza desses curandeiros matar pessoas dessa maneira, assim como é da natureza dos falcões matar avezinhas para viver", segundo dizia um homem mohave, nos anos 1880. Um rico permanecia rico no outro mundo, e todos aqueles que um curandeiro matava ficavam sob sua chefia. Ele desejava um bando grande e rico. "Matei apenas dois. Quando eu morrer, quero comandar um bando maior que isso."[15] Quando a culpa era atribuída a um curandeiro, qualquer pessoa podia se incumbir de matá-lo.

O curandeiro confessava abertamente sua cumplicidade. Ele podia entregar um bastão a um homem e dizer: "Eu matei seu pai." Ou dizer a um doente: "Você não sabe que sou eu quem o está matando? Devo agarrá-lo e despachá-lo com minhas mãos antes que você tente me matar?"[16] O importante aqui é que se trata de morte sobrenatural. Nunca houve nenhuma sugestão de que um curandeiro tivesse o costume de usar veneno ou faca. Essa é uma situação de culpa e terror franca e declarada, uma situação mais familiar na África que na América do Norte.

Convém comparar essa atitude mohave com as teorias de feitiçaria dos índios pueblos. Entre os Zuñi, a situação de luto não se dissolve numa situação de feitiçaria e de vingança levada a cabo contra ela; o luto é tratado como luto, por mais que a ênfase recaia claramente em afastá-lo assim que possível. Apesar do grande grau de ansiedade em relação a bruxas, sempre presente entre os Pueblo, numa morte real pouca atenção é dedicada à cumplicidade por parte delas. Somente numa epidemia, ocasião em que a morte se torna ameaça pública, a teoria da bruxaria costuma ser levada em conta. Ela é uma neurose de angústia da comunidade, não uma situação dionisíaca dependente, como entre os Mohave, do exercício da vontade do xamã de possuir poder sobrenatural e da atitude ambivalente do grupo em relação a esse poder.

Duvido que alguém entre os Zuñi possua alguma técnica de bruxaria realmente praticada; nunca uma pessoa desafia outra por causa de um homem morto ou de um moribundo. Não é nunca o curandeiro que, em virtude de seus poderes curativos, também é o causador da morte e incorpora em sua única pessoa os duplos aspectos dionisíacos do poder. A morte não é dramatizada como um duelo entre um xamã, pensado como uma ave de rapina, e sua vítima. Nem mesmo a existência de todas as ideias necessárias entre os Pueblo – é interessante que elas sejam esmagadoramente europeias em seus detalhes – leva a essa interpretação dionisíaca da morte.

Há outros temas sobre os quais situações de perigo podem ser e foram construídas em torno da morte em diferentes culturas. O que interessa para nossa discussão é que o comprazimento dionisíaco na emoção ocasionada pela morte pode ser institucionalizado em torno de um sofrimento realista diante da perda de um membro da comunidade, ou em torno de vários construtos como a contaminação, a culpa e o desejo de vingança alimentado pelos mortos. O contraste entre culturas que se comprazem em construtos de perigo desse tipo em todas as situações da vida e aquelas que não o fazem é tão notável quanto o que vigora entre os tipos apolíneo e dionisíaco.

As coleções mais completas de material primitivo sobre a situação de perigo são, claro, as várias obras de Crawley. Esse foi o tema por excelência ao longo de todo o seu trabalho, e ele o interpretou como uma tendência universal na sociedade humana. Trata-se sem dúvida de uma tendência comum em termos de comportamento institucional, mas, apesar de toda a sua ampla distribuição, ela é uma configuração particular da cultura, e configurações contrastantes desenvolvem comportamentos também contrastantes.

Onde os contatos humanos, as crises da vida e uma ampla gama de atos são vistos realisticamente em qualquer cultura, e em especial sem a metamorfose que os atravessa em consequência do medo – e os construtos de contaminação que discutimos –, e isso está institucionalizado na cultura, eu as chamarei de culturas realistas. As culturas do tipo oposto serão chamadas simplesmente não realistas. Essa é uma terminologia reconhecidamente pobre. A antítese que James estabelece entre as abordagens *tough-minded* e *tender-minded** aproxima-se também da distinção que desejo fazer, mas seu uso de espírito saudável e a alma doente para substituí-las resulta numa sugestão que desejo evitar.

Acho que devemos nos contentar em dizer que aquelas culturas que institucionalizam a morte como perda, a adolescência como o desenvolvimento de um indivíduo, o acasalamento como escolha sexual, a morte como sucesso na luta, e assim por diante, estão em forte contraste com aquelas que vivem numa caverna de Aladim, onde toda vegetação é alguma outra

---

* William James (1842-1910), importante psicólogo e filósofo americano, foi o expoente da corrente conhecida como pragmatismo. Para James, os dois tipos filosóficos mencionados no texto corresponderiam, respectivamente, ao do empirista e materialista (*tough-minded*) e ao do racionalista e idealístico (*tender-minded*). (N.O.)

coisa. Um dos fatos mais impressionantes na antropologia é que situações básicas de vida poucas vezes são interpretadas culturalmente dessa maneira direta e realista.

De fato, são as instituições realísticas que parecem menos cuidadosamente levadas a cabo. A cultura humana como um todo, ao longo de toda a sua história, baseou-se em certas noções não realistas, entre as quais o animismo e o incesto são aquelas que ocorrem a todo antropólogo. O medo do fantasma – não de sua inimizade ou desejo de vingança, encontrado apenas localmente, mas de seu mero espectro – é outro. Essas noções parecem ter condicionado a raça humana desde o começo, e é obviamente impossível voltar às suas origens ou debater as atitudes que lhes deram nascimento. Para os objetivos da presente discussão, devemos aceitá-las, como devemos aceitar o fato de termos cinco dedos. Nem mesmo as realistas tribos das planícies as descartaram, embora as usem de maneira mais realística que outras culturas.

Na região que examinamos, as culturas dionisíacas são atravessadas por essa antítese realista × não realista, as planícies institucionalizando o excesso e o abandono sem elaborar situações de perigo, e os índios não Pueblo do Sudoeste, os Shoshoneano, e os da costa Noroeste levando essas situações de perigo ao extremo. Da mesma maneira, as culturas realistas são dionisíacas entre os índios das planícies e apolíneas entre os Pueblo. As duas categorias operam num nível diferente e se cruzam. É difícil, no entanto, imaginar uma cultura apolínea manter-se com base em construtos de perigo fundamentais, e certamente esse tipo não ocorre na região que estamos considerando.

É impossível fazer justiça aqui à consistência dessa configuração realista entre os índios das planícies ocidentais; seria preciso primeiro distinguir seu comportamento institucional daquele dos Pueblo apolíneos e depois dos românticos ao seu redor. No que diz respeito ao povo diretamente a oeste, os Shoshoneano, as diferenças comportamentais que quero enfatizar já foram apontadas por Lowie.[17] Ele observa a mudança no afeto em tabus menstruais[18] e o abandono dos costumes relevantes. O parto e a mulher menstruada foram dois dos grandes pontos de partida para a elaboração *tender-minded* e idealística do horror e do estranho. Os índios das planícies, como os Pueblo, não compartilham esse traço. Lowie ressalta também como os índios das planícies, novamente como os Pueblo, contrastam com os grupos ocidentais ao ignorar o envolvimento não realista do marido no confinamento da esposa. Formas atenuadas de *couvade** são a regra para os Shoshoneano, povos do planalto e californianos. Esse não é um traço dos índios das planícies.

A mesma relutância é evidente na atitude contrastante em relação ao nome.[19] Os nomes, nas planícies, não são uma parte mística necessária da personalidade de uma pessoa; são denominações realistas, de maneira muito semelhante aos nossos. Não é um insulto grave perguntar o nome de alguém. Mais ainda, não é uma questão de vida ou morte usar o nome de outra pessoa após seu falecimento. Entre os Karok,[20] por exemplo, esse ato deve ser punido com o mesmo castigo imposto a quem tirar a vida do homem. Esta é uma ficção que os índios das planícies desconhecem.

* Termo de origem francesa (de *couver*, ato de chocar os ovos pelos pássaros) que designa o costume, presente em várias culturas, segundo o qual o pai da criança deve imitar os sintomas de gravidez, parto ou resguardo das mulheres. (N.O.)

Há, portanto, um considerável número de razões para pensar que a atitude cultural que observamos nas cerimônias de luto nas planícies, em contraposição àquelas do Oeste e do Sul (Navajo e Pima), é característica de sua cultura. No que talvez seja o mais notável, Lowie ressalta que, entre os índios das planícies ocidentais, a vingança contra o curandeiro é atípica, ao passo que ela é relatada entre os Shoshoneano e as tribos da zona central da Califórnia. Creio que isso pode ser formulado de maneira muito mais enfática. Em qualquer outra parte do mundo que não a América do Norte, nós nos referiríamos com franqueza à atitude constantemente relatada desde a Colúmbia Britânica até a região dos Pima como feitiçaria, e o assassinato do xamã como vingança tomada contra o feiticeiro. Os índios das planícies simplesmente não fazem nada com esse padrão. Eles utilizam poder sobrenatural para incrementar suas próprias façanhas como guerreiros, e não para alimentar ameaças. A feitiçaria, a mais importante institucionalização do medo neurótico do mundo, não encontra lugar desde os Blackfoot até os Cheyenne.

Antes de continuarmos com mais exemplos de práticas de luto em outras configurações, será mais claro ilustrar as configurações que acabamos de discutir por meio de outra situação, a do homem que matou outro. Ela põe em relevo as atitudes que examinamos.

A dança do escalpo cheyenne é característica da configuração das planícies. Extraordinária exaltação dionisíaca é alcançada, mas não por meio de ideias de horror ou contaminação associadas ao cadáver; trata-se de um triunfo irrestrito, um regozijo com o infortúnio do inimigo que foi tirado do caminho. Não existe nenhuma sugestão de que haja uma maldição sobre o escalpo que a dança teria a função de remover. Não há nenhuma ideia do poder temível do escalpo. Essa é uma ocasião absolutamente alegre, uma celebração de triunfo e a resposta a uma prece que havia sido feita entre lágrimas.

Antes de se tomar um curso conducente à guerra, tudo é solene e devoto, até pesaroso, de modo a obter a piedade dos seres sobrenaturais.[21] Quando se retorna com os escalpos, porém, tudo está mudado. O grupo toma de assalto o acampamento em que reside, ao raiar do dia, hora favorita para realizar ataques entre os índios, as faces enegrecidas em sinal de triunfo,

> disparando suas armas de fogo e acenando as varas em que estavam os escalpos tomados. Alvoroçadas, as pessoas os recebiam com gritos e berros. Tudo era alegria. As mulheres entoavam cânticos de vitória. ... Na fileira da frente vinham aqueles que tinham ... maior número de golpes desferidos contra o inimigo. ... Alguns abraçavam os guerreiros vitoriosos. Velhos e velhas cantavam canções em que os nomes eram mencionados. Os parentes dos que cavalgavam na primeira fileira ... demonstravam sua alegria dando presentes a amigos ou aos pobres. Toda a multidão podia ir para a morada de algum homem corajoso, ou para a morada de seu pai, e ali dançar em sua homenagem. Era provável que se preparassem para dançar a noite toda, e talvez continuar dançando por dois dias e duas noites.[22]

Grinnell fala em particular do fato de que não havia nenhum reconhecimento cerimonial do sacerdote ou de seus serviços quando os guerreiros retornavam. O escalpo era um emblema de vitória e algo com que se regozijar. Se membros do bando guerreiro tivessem sido mortos, os escalpos eram jogados fora e não havia dança do escalpo. Mas se o guerreiro que havia sido morto tivesse desferido muitos golpes antes de morrer, não havia motivo para pesar, tamanha era a honra, e a celebração da vitória por causa do escalpo prosseguia.

Todos participavam da dança do escalpo. Em conformidade com seu caráter social, ela estava a cargo de *berdaches*,* que aqui eram casamenteiros e "boa companhia", e tomavam o lugar do parente do sexo feminino que em geral tem função tão evidente. Eles convocavam para as danças e carregavam os escalpos. Velhos e velhas atuavam como palhaços, e se faltava alguma coisa para enfatizar a ausência entre os Cheyenne de pavor e perigo em relação ao inimigo morto, Grinnell diz que alguns deles se vestiam para representar aqueles mesmos guerreiros cujos escalpos eram o centro da cerimônia.[23]

O comportamento dos índios das planícies era inconcebível em grande parte do continente. No cinturão sul dos Estados Unidos, dos índios Natchez aos Mohave – excluindo os Pueblo, por enquanto –, a atitude oposta estava no ápice. Em toda essa área o sentido da dança do escalpo era a grande e perigosa força sobrenatural do escalpo e a maldição que devia ser removida do assassino. Isso fazia parte de todo o seu terror *tender-minded* diante de forças sombrias e estranhas.

Anos atrás, na guerra movida pelo governo contra os Apache, as inexoráveis cerimônias de purificação dos Pima quase anularam sua utilidade como aliados para as tropas dos Estados Uni-

---

* Expressão de origem francesa (*bardache*) usada para designar personagens transgêneros de várias tribos norte-americanas, geralmente homens que assumiam vestimentas e comportamentos considerados femininos. Atualmente prefere-se usar a expressão *two-spirited person*, considerada política e conceitualmente mais correta. (N.O.)

dos. Sua lealdade e bravura eram incontestáveis, porém, após matar um inimigo, cada assassino tinha de se recolher durante vinte dias para purificação cerimonial. Ele escolhia um pai cerimonial que cuidava dele e realizava os ritos. Esse pai, que, ele mesmo, também havia matado e passado por cerimônias de purificação, confinava o assassino no mato, num pequeno buraco, onde ele devia permanecer jejuando por dezesseis dias; a cada quatro dias dava um mergulho no rio, qualquer que fosse o tempo, e passava por uma ligeira alteração nas regras de jejum.

Entre os Papago, o pai alimenta o assassino com a comida posta na ponta de uma vara comprida.[24] Sua esposa deve observar tabu semelhante em sua própria casa. No 16º dia ocorre a dança. O assassino senta-se novamente no meio do círculo da dança, dentro de um pequeno buraco, o qual só lhe permite a mais incômoda posição, e os "bravos" homens que se qualificaram como guerreiros dançam para ele. O fim da cerimônia papago é o rito de jogar o assassino, de mãos e pés amarrados, dentro do rio, depois do que o livram de suas amarras físicas e espirituais. Um pouco do cabelo dos homens que ele matou é colocado por seu "pai" num saquinho de camurça, juntamente com uma pena de coruja, para assegurar a cegueira do escalpo, e uma pena de falcão, para matá-lo; pela cerimônia, esse remédio é tornado subserviente à vontade do assassino. Este abraça o saquinho, chamando-o de "filho", e o usa dali em diante para chamar a chuva.[25] Toda a cerimônia destina-se a neutralizar um poder perigoso e a liberar o perpetrador da maldição, a fim de que o poder se transforme em algo benfazejo.

Os Mohave tinham uma cerimônia da qual possuímos menos detalhes. Só o mestre de cerimônias podia tocar no escalpo durante o rito, que tinha quatro dias de duração, e ele devia se perfumar com incenso oito vezes por dia.[26]

Como observei em discussão anterior sobre o Sudoeste, não há nenhum traço cultural nos Zuñi que apresente tantas semelhanças inalteradas com instituições de outros índios que não os Pueblo do que a dança do escalpo. Do ponto de vista das atitudes culturais dos Pueblo, ela apresenta elementos notavelmente atípicos, muito conhecidos na região central da América do Norte e bastante comuns ali. Um desses elementos é a mordida do escalpo, relatada a partir de Laguna[27] e Zuñi. Esse ato é realizado em decorrência de um forte sentimento de contaminação a partir do escalpo. Em Zuñi, diz-se que a mulher incumbida de realizar esse ato fica livre da maldição porque se eleva a ponto de "agir como um animal." Isso é um reconhecimento quase único nessa cultura do estado de êxtase, e é um exemplo de traço cultural difundido, a dança do escalpo, que foi aceito entre os Pueblo sem a reconstrução que teria sido necessária para pô-lo em conformidade com suas atitudes dominantes.

Aceitando esse fato, podemos examinar a dança do escalpo dos Zuñi para ver em que direções ela foi modificada em suas mãos. Em primeiro lugar, eles reformularam a liberação da maldição, de modo que a dança não é mais, como entre os Pima e os Papago, uma dramatização de atitudes ambivalentes em relação ao sagrado – por um lado, o contaminador, por outro, o poderoso –, mas assemelha-se a qualquer recolhimento empreendido para obter ingresso numa sociedade. A dança do escalpo nos Zuñi é uma iniciação à sociedade policialesca do sacerdócio do arco. Ela é absorvida em seu padrão de fornecer organizações fraternais formais para o manejo de todas as situações. O sacerdócio do arco é uma organização elaborada com responsabilidades especiais, funcionando por toda a vida. A maldição do assassino e sua liberação dela são apequenadas pelo padrão de iniciação num novo conjunto de funções sociais.

De maneira semelhante, a limpeza do escalpo, que em culturas mais dionisíacas é feita com a língua, lambendo-se as gotas de sangue fresco, nos Zuñi é um rito de adoção, um batismo em água limpa levado a cabo pelas irmãs do pai, para dar status ao grupo clânico. Deve ser realizado não só na adoção, mas no casamento, e, como vimos, na cerimônia do escalpo. A ideia subjacente ao ato nos Zuñi é a de adoção de uma influência nova e benéfica no status tribal – certamente um exemplo claro do modo como as configurações dos Pueblo neutralizam comportamentos mais violentos.

Sua atitude é especialmente clara nas orações da dança do escalpo:

> Pois de fato o inimigo,
> Embora no lixo
> Tenha vivido e chegado à maturidade,
> Em virtude das preces da chuva dos sacerdotes do milho
> (Ele se tornou valioso.)
> De fato o inimigo,
> Embora em sua vida
> Fosse uma pessoa propensa à falsidade,
> Tornou-se alguém para profetizar
> Como o mundo será
> Como os dias serão...
> Embora sem valor,
> Ele era contudo um ser da água,

Ele era um ser de semente,
Desejando as águas do inimigo,
Desejando suas sementes,
Desejando sua riqueza,
Avidamente deves esperar seus dias (a dança do escalpo).
Quando com tua água limpa
Tiveres banhado o inimigo (o escalpo),
Quando no tanque cheio d'água dos sacerdotes do milho,
Ele tiver sido instalado,
Todos os filhos dos sacerdotes do milho,
Com as sequências de canção dos pais,
Estarão dançando para ele.
E assim que todos os dias tiverem passado,
Então um bom dia,
Um belo dia,
Um dia cheio com grande alarido,
Com muitas risadas,
Um bom dia,
Conosco, teus filhos,
Tu falecerás.[28]

Não são medo e horror que encontram expressão em versos como esses. O que vemos é a atenção realisticamente voltada para sua comum existência mortal, e o contraste é feito com seu presente caráter benéfico, como meio para atrair a chuva e as boas safras.

Tanto a situação de perda e consternação quanto a situação de assassinato mostram, por conseguinte, forte contraste nas três configurações culturais norte-americanas que consideramos. Vou selecionar arbitrariamente mais uma configuração contrastante que talvez não esteja ilustrada de maneira tão admirável em lugar algum no mundo quanto na América do Norte. A busca de engrandecimento pessoal na costa Noroeste é levada a cabo de tal forma que se aproxima de uma institucionalização do tipo de personalidade megalomaníaco. A censura, enfatizada em civilizações como a nossa, está ausente em autoglorificações como o discurso público entre os Kwakiutl; e, quando a censura funciona, como entre as tribos do golfo da Geórgia, fica patente que suas auto-humilhações não são expressões de humildade, mas equivalem à conhecida autoglorificação dos Kwakiutl. Qualquer de suas canções ilustra o teor habitual:

> Sou o grande chefe que envergonha as pessoas.
> Sou o grande chefe que envergonha as pessoas.
> Nosso chefe traz vergonha para os rostos.
> Nosso chefe traz ciúme para os rostos.
> Nosso chefe faz as pessoas cobrirem seus rostos pelo que ele está fazendo continuamente neste mundo.
> Dando vezes sem conta banquetes de óleo para todas as tribos.[29]
>
> ....
>
> Eu comecei pela extremidade superior das tribos. Bem feito para eles! Bem feito para eles!
> Eu vim rio abaixo pondo fogo às tribos com minha tocha.
> Bem feito para eles! Bem feito para eles!
> Meu nome, apenas meu nome, os matou, eu, o grande Propulsor do mundo. Bem feito para eles! Bem feito para eles![30]

A energia da cultura é francamente dedicada à competição num jogo de elevação do próprio status e de autofortalecimento mediante a humilhação do próximo. Num grau menor, essa busca de prestígio pessoal é característica das tribos das planícies. Mas o quadro contrasta nitidamente. Os índios das planícies não institucionalizam o complexo de inferioridade e suas compensações. Eles não se preocupam com a descoberta de insultos em todas as situações. São tudo menos paranoicos.

Mas é em termos desses conjuntos psicológicos particulares que a busca de engrandecimento pessoal é levada a cabo na cultura da costa do Pacífico Norte. Provavelmente o complexo de inferioridade nunca foi tão ruidosamente institucionalizado. Os mais variados atos são considerados insultos, não só atos pessoais depreciativos, mas todo acontecimento desagradável, como um corte com o machado ou a emborcação de uma canoa. Todos esses eventos ameaçam a segurança do ego dos membros dessa civilização de feição paranoide, e, segundo seu padrão, podem ser eliminados pela distribuição de bens. Se não puderem, a resposta é perfeitamente típica: a bolha de autoestima é estourada, e o homem se recolhe a seu catre por semanas a fio, sendo possível até que se suicide. Esse extremo sentimento negativo de si mesmo está muito distante das exibições de vergonha resultantes das exposições indecentes ou de quebras de tabu observadas em outras regiões. É simples mau humor, o comportamento de alguém que só tem de seu sua autoestima e que foi ferido em seu orgulho.

Todas as circunstâncias da vida não são vistas na costa Noroeste como ocasiões para intenso pesar ou júbilo igualmente intenso, ocasiões para despender energia livremente de maneiras diferenciadas, mas sobretudo como coisas que incrementam, todas elas da mesma maneira, essa competição de insultos. Elas são oportunidades para a necessária luta por prestígio.

O sexo, o ciclo da vida, a morte, a guerra, tudo isso é matéria-prima quase equivalente para a padronização cultural, com esse fim. A adolescência de uma menina é um acontecimento para o qual o pai acumula bens durante dez anos, no intuito de demonstrar sua grandeza mediante grande distribuição de riqueza; não é como um fato na vida sexual da menina que ela figura na cultura deles, mas como um degrau da escada que seu pai galga rumo a uma posição social mais elevada para si, e portanto também para ela própria. Pois como nessa região todo bem distribuído deve ser retribuído com juros (do contrário o beneficiado ficará inteiramente desmoralizado), tornar-se pobre é o principal ato na aquisição de riqueza. Mesmo uma briga com a própria mulher é algo que só um grande homem pode se permitir, pois acarreta a distribuição de todos os seus bens, até os caibros do telhado de sua casa. Mas se o chefe tiver fortuna suficiente para essa distribuição de bens, ele vê a ocasião com bons olhos, assim como vê a puberdade da filha, como um degrau da escada de promoção pessoal.[31]

Isso se manifesta claramente na reinterpretação da situação de perda de um ente querido nessa região. Até o corte do cabelo no luto tornou-se não um ato de pesar da parte de parentes próximos, mas o serviço da fratria oposta, significando seu tributo à grandeza do finado e o fato de os parentes do morto estarem aptos a recompensá-la. De maneira semelhante, é também mais um passo adiante na busca de prestígio e de aquisição de riqueza. Todos os serviços para o morto são realizados dessa maneira. A ênfase da sociedade na morte recai sobre a distribuição de bens da fratria enlutada em direção à fratria oposta, que oficia as cerimônias. Sem referência a seu caráter como situação de perda ou de perigo, ela era usada, tal como a primeira menstruação da menina ou uma briga doméstica, para demonstrar a solvência do grupo familiar e humilhar os rivais que reivindicavam fortuna equivalente.

Entre os Haida,[32] o grande *potlatch* fúnebre, um ano após a morte, em que ocorria a distribuição desses bens, era organizado em torno da transferência da condição de integrante da sociedade secreta da dança de inverno de membros da fratria dos convidados para membros da fratria do anfitrião, em retribuição aos bens que eram distribuídos entre eles – atividade que, evidentemente, tem relação com ideias de propriedade, prestígio e cerimonial de inverno entre os Haida, mas não com a perda envolvida na morte nem tampouco com o perigo associado ao cadáver ou ao fantasma. Como dizem os Kwakiutl, "eles lutam por meio de bens" – isto é, para conquistar e manter status baseado em fortuna e prerrogativas herdadas; portanto "eles lutam", também, por meio de um funeral.

A reinterpretação da situação de luto em termos da "luta por meio de bens", contudo, é apenas uma parte do padrão de comportamento vigente na costa Noroeste. Ela é assimilada igualmente à preocupação com os insultos. A morte de um parente não ocorre só na guerra, mas por doença ou acidente, e era uma afronta a ser apagada mediante a morte de alguém de outra tribo. O enlutado sentia-se envergonhado até que as contas tivessem sido acertadas. Ele era perigoso como qualquer homem que tivesse sido gravemente humilhado. Quando a irmã e a filha do chefe Neqapenkem não voltaram de Victoria, porque, diziam as pessoas, seu barco soçobrara ou porque haviam bebido uísque estragado, ele convocou os guerreiros. "Agora lhes pergunto, tribos, quem irá chorar? Devo eu fazê-lo, ou outrem?" Os mais importantes responderam: "Não você, chefe, que chore alguma outra pessoa das tribos." Eles levantaram o bastão de guerra e os outros avançaram, dizendo: "Viemos aqui pedir-lhe que vá à guerra para que outra pessoa possa chorar em razão de nossa falecida irmã." Eles iniciavam assim ritos de guerra completos para "afundar" os Sanetchs por causa dos parentes mortos do chefe. Encontraram sete homens e duas crianças adormecidos e mataram todos, exceto uma menina, que levaram como prisioneira.[33]

De outra feita, o filho do chefe Qaselas morreu, e ele, o irmão e o tio decidiram remover essa mancha. Foram recebidos pelos Nengemali em sua primeira parada. Depois que tinham comido, disse Qaselas: "Agora vou lhe contar a novidade, chefe. Meu príncipe morreu hoje, e vocês irão com ele." E assim mataram seu anfitrião e a esposa dele. "Depois Qaselas e seu grupo sentiram-se bem quando chegaram a Sebaa à noite. ... Isso não é chamado de guerra, mas 'morrer com aqueles que morreram'."[34]

Isso é pura caça de cabeças, interpretação paranoide do luto quase sem-par na América no Norte. Aqui a morte é institucionalizada em práticas como essa, como o principal exemplo dos inúmeros eventos desagradáveis da vida que ferem o orgulho de um homem e que são tratados como insultos.[35]

A preocupação tanto com o prestígio quanto com os insultos é subjacente também ao comportamento centrado na morte de um inimigo. A dança da vitória tornou-se permanente, com sociedades graduadas institucionalizando as prerrogativas mais ferozmente protegidas dessas tribos; elas constituem uma das mais elaboradas organizações de prestígio a respeito das quais sabemos alguma coisa. O traço original sobre o qual foram construídas está preservado entre as tribos ao sul. Aquela era uma dança da vitória com a cabeça do inimigo segura entre os dentes. Como o professor Boas mostrou, isso se transformou, tal como foi desenvolvido na configuração da costa Noroeste, na dança canibal[36] e no padrão das sociedades secretas. Os dançarinos das sociedades secretas kwakuitl continuam a ser considerados "guerreiros", e as sociedades, que normalmente operam só durante o inverno, sempre funcionam num grupo de guerra, seja qual for a estação. Ora, essas sociedades secretas são as grandes validações do prestígio e da riqueza através da distribuição de bens, e a forma final, na costa Noroeste, da ideia germinal de dança da vitória é, portanto, a de sociedades secretas extremamente elaboradas, rigidamente prescritas, que estabelecem e validam o status social de seus membros.[37]

Como a competição por prerrogativas é a tendência dominante, uma flexão diferente é dada à situação da pessoa que matou outra. É possível obter prerrogativas, segundo a concepção deles, não só por meio da morte de parentes, mas graças ao falecimento de uma vítima, de modo que, se uma pessoa foi morta em minhas mãos, posso reivindicar as prerrogativas que ela possuía. O assassino não se vê, portanto, na situação de contornar uma maldição medonha nem de celebrar um triunfo de poderes pessoais, e sim na de ter de distribuir grandes quantidades de bens para validar os privilégios de que se apossou por meio da violência no momento em que, incidentalmente, no que diz respeito ao comportamento institucional, tirou também a vida do possuidor. Isto é, a tomada da vida é apequenada por trás do imenso edifício do comportamento apropriado para a configuração da costa Noroeste.

Na situação de luto, o padrão levou à institucionalização da caça de cabeças com todas as suas rígidas regras de procedimento. Meled havia matado o chefe do grupo local Gexsem.

> Se ele (Meled) tivesse pagado uma moeda ou dado sua filha em casamento ao irmão mais velho do homem que matara, seu grupo local teria caído em desgraça, porque ele pagara para não ser morto em troca. Só pagam aqueles que são fracos de espírito.

Ele não pagara e foi morto em retaliação. Mas o homem que o matou não era membro do grupo local do chefe cuja morte ele estava vingando. A mãe daquele chefe pagou ao vingador com um escravo, mas isso foi uma desgraça para seu grupo local, e, apesar da morte de Meled, não se julgou que fora removida a mancha sobre o nome do grupo local do chefe morto.

> Se outro homem do grupo local Gexsem tivesse matado Meled, não teria havido nenhuma desgraça para seu grupo, e todos os homens teriam parado de falar sobre isso.[38]

A morte, na costa do Pacífico Norte, portanto, era principalmente uma situação de insulto e uma ocasião para a validação de prerrogativas. Ela assumiu a configuração característica dessa região e foi levada a servir às tendências dominantes naquela cultura.

Há, claro, aspectos da cultura, em especial da cultura material, que são independentes de muitos dos objetivos e virtudes que uma sociedade cria para si mesma. Não pretendo sugerir que a sorte do arco feito com corda de tendões de animais dependerá do caráter dionisíaco ou apolíneo da cultura. Mas o âmbito de aplicabilidade da ideia que proponho é maior do que em geral se supõe. Radin, por exemplo, argumentou de maneira muito convincente, a partir de material dos Winnebago, em prol da grande importância da individualidade e da iniciativa individual "entre primitivos".[39] Ora, segundo todos os observadores, os índios das planícies e os Winnebago estão entre nossos grandes exemplos primitivos de elevada avaliação cultural do indivíduo. Eles recebem em sua vida o direito de exercer uma iniciativa institucionalmente assegurada de que não encontramos exemplos, com facilidade, em outras regiões. Basta apenas comparar isso com os Pueblo para compreender que a ideia de Radin, de iniciativa pessoal muito grande, é um fato de importância capital entre os Winnebago e os índios das planícies ocidentais, mas não coextensivo à cultura primitiva. Trata-se de uma atitude a ser estudada de maneira independente em cada área.

O mesmo se aplica também à descrição que faz Malinowski da maneira como os trobriandeses – e os melanésios em geral, podemos acrescentar – fizeram da reciprocidade um traço comportamental básico de sua cultura. Ele descreve as obrigações recíprocas dos povos do mar e da terra, de chefe e súditos, dos dois lados da casa, do marido e da esposa e de outros parentes selecionados em relação de reciprocidade, e deduz disso que "tradição" é uma palavra fraca invocada pelos antropólogos para encobrir nossa ignorância do que realmente mantém uma "sociedade" coesa, função desempenhada pela reciprocidade.* Mas essa organização particular da sociedade é um tipo definido, extremamente não característico, digamos,

---

* A autora refere-se à instituição do *kula*, tratada por Bronislaw Malinowski em seu clássico *Argonautas do Pacífico Ocidental*, de 1922. (N.O.)

da Sibéria, e fundamental em qualquer descrição da Melanésia. Resta ainda definir de que modo ela está em conformidade com atitudes fundamentais nessa região.

As configurações culturais estão para a compreensão do comportamento grupal assim como os tipos de personalidade estão para a compreensão do comportamento individual. No campo psicológico, o comportamento não recebe mais a mesma interpretação, digamos, para o tipo cicloide e o tipo esquizoide. Reconhece-se que a organização da personalidade total é decisiva na compreensão ou mesmo na mera descrição do comportamento individual.[40] Se isso é verdade na psicologia individual, em que a diferenciação individual deve ser sempre limitada pelas formas culturais e pela curta duração de uma existência humana, é ainda mais imperativo na psicologia social, em que as limitações de tempo e de conformidade são transcendidas. É evidente que o grau de integração possível de alcançar é incomparavelmente maior do que jamais pode ser encontrado em psicologia individual. As culturas, desse ponto de vista, são projeções ampliadas da psicologia individual, dotadas de proporções gigantescas e de uma longa duração.

Essa é uma leitura do cultural a partir da psicologia individual, mas não está aberta às objeções que sempre devem ser feitas contra versões como as de Frazer ou Lévy-Bruhl.[41] O problema com a interpretação das prerrogativas do marido a partir do ciúme e das sociedades secretas a partir da exclusividade de grupos de idade e sexo é que ela ignora o ponto crucial, que não é a ocorrência do traço, mas a escolha social que elegeu sua institucionalização naquela cultura. A fórmula é sempre impotente diante da situação oposta. Na interpretação de configurações culturais tais como as apresentei nessa discussão, o ponto crucial do processo é a escolha seletiva da sociedade. É provável que haja potencialmente mais ou menos a mesma variedade de temperamentos e dons individuais, todavia, do ponto de vista do indivíduo no limiar dessa sociedade, cada cultura já escolheu alguns desses traços para torná-los seus e outros para ignorar. O fato central é que a história de cada traço pode ser compreendida exatamente em termos de sua passagem através do buraco dessa agulha de aceitação social.

Isso envolve outro aspecto do problema das configurações culturais, que diz respeito ao ajustamento do indivíduo à sua sociedade. Como dissemos, é provável que mais ou menos a mesma variedade de temperamentos individuais seja encontrada em qualquer grupo. Mas o grupo já fez sua escolha cultural daqueles dotes e peculiaridades humanos que utilizará. A partir de pequenas inclinações numa direção ou em outra, ela se curvou tanto em direção a algum ponto da bússola que nenhuma manipulação pode mudá-la. A maioria das pessoas nascidas naquela cultura assumirá sua inclinação e muito provavelmente a acentuará.

São mais afortunados aqueles cujas disposições inatas estão de acordo com a cultura em que por acaso vêm a nascer – os de tendências realistas que nascem entre os índios das planícies ocidentais, aqueles propensos a delírios de referência que nascem na costa Noroeste, os apolíneos que nascem entre os Pueblo, os dionisíacos que nascem entre os índios americanos que não os Pueblo. Na situação particular que analisamos, a pessoa propensa a um intenso comprazimento na dor está bem equipada culturalmente entre os Cheyenne. Aquela que tem pavor da expressão violenta e deseja lidar com situações penosas com um mínimo de expressão, em Isleta. A pessoa que facilmente vê referência pessoal em qualquer situação da vida, até na morte, encontra suas tendências paranoides bem canalizadas entre os Kwakiutl.

Por outro lado, o desajustado é a pessoa cuja disposição não é capitalizada por sua cultura. O dionisíaco que nasceu entre os Pueblo precisa se reeducar, ou não terá valor algum na cultura. Assim também, o apolíneo, na Califórnia, será excluído de atividades sociais na medida em que não for capaz de aprender a adotar o comportamento institucionalizado do local. A pessoa que não interpreta prontamente os eventos externos como insultos só pode funcionar com extrema dificuldade na costa do Pacífico Norte ou no noroeste da Califórnia.

Está claro que não é possível fazer nenhuma descrição generalizada de "o" desviante – ele é o representante daquele arco de capacidades humanas não capitalizadas em sua cultura. Na medida em que sua civilização se lançou numa direção que lhe é estranha, será ele que sofrerá. A compreensão inteligente da relação do indivíduo com sua sociedade envolve sempre, portanto, o entendimento dos tipos de motivação e de capacidades humanas capitalizados em sua sociedade, e da congruência ou incongruência destas com aquelas inatas para o indivíduo em discussão, ou resultantes do condicionamento familiar nos primeiros anos. Sempre se pode supor, sem questionamento, que a grande maioria de qualquer população será completamente assimilada aos padrões de sua cultura – eles aprenderão a interpretar a vida em termos de violência, de sobriedade ou de insultos, conforme o caso. Mas a pessoa que não sabe o que fazer em sua sociedade, a pessoa não adequada, não é algum tipo a ser especificado e descrito com base numa psicologia anormal universalmente válida, mas representa o tipo não capitalizado na sociedade em que nasceu.

Tudo isso tem uma relação de extrema importância com a formação e o funcionamento de traços culturais. Estamos habituados demais a estudar a religião, digamos, ou os regimes de propriedade, como se o fato fundamental acerca deles fosse uma resposta humana dependente, como assombro, por exemplo, ou "instinto aquisitivo", do qual eles derivassem. Ora, houve instituições humanas que mostram de fato essa correspondência direta com emoções humanas simples – práticas de morte que expressam pesar, costumes de acasalamento que expressam preferência sexual, práticas agrícolas que começam e terminam com o abastecimento da tribo. No entanto, mesmo listá-las dessa maneira deixa forçosamente claro como é difícil encontrar tais exemplos.

Na verdade, a agricultura e a vida econômica em geral costumam estabelecer para si mesmas outros fins que não a satisfação da necessidade de alimento; o casamento em geral expressa outras coisas, de maneira mais visível, que a preferência sexual; e o luto não enfatiza com clareza o pesar. Quanto mais intimamente conhecemos o funcionamento interno de diferentes culturas, com mais facilidade podemos ver que a variabilidade quase infinita em qualquer traço cultural, se ele for observado em volta do globo, não é um mero eco das mudanças em alguma simples resposta humana subjacente. Esteve em ação uma força diferente e maior, que usou as situações recorrentes de acasalamento, morte, abastecimento, e as demais quase como matéria-prima, e as elaborou para expressar sua própria intenção. Podemos chamar essa força que curva ocasiões segundo seus propósitos e as molda a seu próprio idioma dentro dessa sociedade de sua tendência dominante.

Algumas sociedades puseram toda essa matéria-prima em evidente harmonia com a tendência dominante, aquelas a que, numa base a priori, Sapir concederia a denominação de "culturas genuínas".[42] Muitas não o fizeram. Sapir sustenta que uma verdadeira coerência interna que exclui simulações hipócritas é a marca da cultura genuína. Parece-me que culturas podem ser construídas de maneira sólida e harmoniosa sobre fantasias, construtos de medo ou complexos de inferioridade e se comprazer até o limite em hipocrisia e simulações. A pessoa que tem uma tendência inextirpável a encarar os fatos e a evitar a hipocrisia pode ser o proscrito de uma cultura que, não obstante, é simétrica e harmoniosa em seus próprios termos. O fato de uma configuração ser bem definida não a torna consequentemente honesta.

É, no entanto, a realidade de tais configurações que está em questão. Não me parece que o desenvolvimento dessas configurações em diferentes sociedades seja mais místico ou difícil de compreender do que, por exemplo, o desenvolvimento de um estilo de arte. Em ambos, se tivermos material suficiente, poderemos ver a integração gradual de elementos e a crescente dominação de um pequeno número de tendências estilísticas. Em ambos, também, se tivéssemos material, poderíamos sem dúvida traçar a influência de indivíduos talentosos que curvaram a cultura na direção de suas próprias capacidades. A configuração da cultura, no entanto, sempre transcende os elementos individuais que participaram de sua feitura. A configuração cultural constrói-se ao longo de gerações, descartando, como nenhum indivíduo poderia fazê-lo, os traços que não lhe são convenientes. Ela toma para si modos rituais, artísticos e de ativação de expressão que solidificam sua atitude e a explicitam.

Muitas culturas jamais alcançaram essa harmonia completa. Há povos que parecem oscilar para lá e para cá entre diferentes tipos de comportamento. Como nossa própria civilização, eles podem ter recebido um número excessivo de influências contraditórias de diferentes fontes exteriores, e ter sido incapazes de reduzi-las a um denominador comum. No entanto, o fato de certos povos não terem feito isso não torna desnecessário estudar a cultura a partir desse ângulo, tanto quanto o fato de algumas línguas oscilarem para lá e para cá entre diferentes dispositivos gramaticais fundamentais na formação do plural ou na designação dos tempos verbais não torna desnecessário estudar as formas gramaticais.

Essas tendências dominantes são tão características de áreas individuais quanto as formas das casas ou as regras que regulamentam a herança. Ainda somos prejudicados demais pela falta de descrições relevantes de culturas para saber se essas distribuições de tendências são muitas vezes coextensivas à distribuição da cultura material, ou se em algumas regiões há muitas delas para uma só área de cultura definida a partir de traços mais objetivos. Descrições de cultura desse ponto de vista devem incluir grande parcela que trabalhos de campo mais antigos ignoraram. Sem o trabalho de campo pertinente, todas as nossas proposições são pura fantasia.

3. A emergência do conceito de personalidade em um estudo de culturas*

EDWARD SAPIR

NOSSO INTERESSE NATURAL pelo comportamento humano sempre parece hesitar entre o que é atribuído à cultura do grupo como um todo e o que é imputado à organização psíquica do próprio indivíduo. Esses dois polos de nosso interesse pelo comportamento não recorrem necessariamente a materiais diferentes; apenas o local de referência é diverso nos dois casos. Sob circunstâncias familiares, e com pessoas conhecidas, o locus de referência de nosso interesse tende a ser o indivíduo. Em tipos de comportamento não familiares, como acionar um dínamo, ou com indivíduos que não se encaixam facilmente nos contextos normais de hábito social – digamos, um mandarim chinês que nos visita –, o interesse tende a encontrar vazão em formulações de caráter cultural, em vez de pessoais. Se vejo meu filhinho jogando bola de gude, em geral não desejo que se elucidem as regras do jogo. Quase tudo que observo tende a ser interpretado como um contributo para a compreensão da personalidade da criança. Ela é audaciosa ou tímida, é alerta ou se deixa confundir facilmente, sabe ou não sabe perder, e assim por diante. O jogo de bola de gude, em

* In *Journal of Social Psychology*, v.5, 1934, p.408-15. Baseado em um trabalho apresentado na Conferência sobre Estudos do Desenvolvimento da Criança promovido pelo National Research Council em Chicago, 22 jun 1933.

suma, é um mero pretexto, por assim dizer, para a revelação de vários fatos ou teorias acerca da constituição psíquica de um indivíduo particular. Contudo, quando vejo um operário especializado lubrificando um dínamo, ou um requintado mandarim sentando-se à mesa de jantar na condição de convidado acadêmico, é quase inevitável que minhas observações assumam a forma de anotações de campo etnográficas, cujo resultado final provavelmente serão fatos ou teorias sobre padrões culturais como o acionamento de um dínamo ou as maneiras de ser chinesas.

Comumente, nosso interesse não é definido de maneira tão precisa. Ele se desperta tanto com as implicações pessoais quanto com as culturais. Não há nenhuma consciência da direção sempre cambiante que ele assume. Além disso, existe uma boa dose daquela confusão que acompanha toda experiência em seus estágios iniciais da infância, quando a personalidade significativa é interpretada como uma instituição e todo padrão cultural é apenas uma lembrança do que essa ou aquela pessoa realmente fez. Volta e meia, é verdade, surge no fluxo da experiência adulta certa intuição do que seria a formulação eventual significativa, pessoal ou cultural, de um dado fragmento de comportamento. "Sim, John é exatamente assim", ou "Mas não devemos dar importância demais a essa ninharia. Supostamente, todos os chineses fazem a mesma coisa nessas circunstâncias"; estes são símbolos ilustrativos para interpretações contrastantes.

Naturalmente o que está em jogo na confusão de interesses não é só uma mistura de sentidos, mas também uma real transposição ou inversão. Uma variável obstinadamente individual pode ser mal interpretada como dado cultural. Esse tipo de coisa tende a acontecer quando aprendemos uma língua estrangeira a partir de um único indivíduo e não temos condições de distinguir entre o que é característico da língua e o que é particular da fala do professor. Com mais frequência, porém, o padrão cultural, quando apresentado de maneira significativa na experiência, tende a atribuir a si mesmo um significado demasiado íntimo. Qualidades de encanto ou de esquisitice, por exemplo, são evidentemente perigosas nesse aspecto e tendem a ser dados menos pessoais que culturais, que recebem seu valor contextual particular da incapacidade do observador de manter uma interpretação estritamente pessoal.

Qual a gênese de nossa dualidade de interesse nos fatos de comportamento? Por que é necessário descobrir o contraste, real ou fictício, entre cultura e personalidade, ou, para falar de maneira mais precisa, entre um segmento de comportamento visto como padrão cultural e um segmento de comportamento interpretado como capaz de definir uma pessoa? Por que nosso interesse pelo comportamento não pode manter o caráter indiferenciado que possuía nos primeiros anos da infância?

A resposta, presumivelmente, é que cada tipo de interesse é necessário para a preservação psíquica do indivíduo num ambiente que a experiência torna cada vez mais complexo e inassimilável em seus próprios termos simples. Os interesses conectados pelos termos cultura e personalidade são necessários para o desenvolvimento inteligente e útil porque cada um se baseia num tipo característico de participação imaginativa do observador na vida à sua volta.

O observador pode dramatizar esse comportamento à medida que o observa atentamente em termos de um conjunto de valores, uma consciência que está além dele mesmo e à qual deve se conformar, de maneira real ou imaginária, caso queira preservar seu lugar no mundo de autoridade ou da necessidade social impessoal. Por outro lado, ele pode sentir o comportamento como autoexpressivo, definindo a realidade da consciência individual contra a massa de determinantes sociais circundantes. Observações que chegam no interior da estrutura do primeiro desses dois tipos de participação constituem nosso conhecimento da cultura. Aquelas que chegam no interior da estrutura do segundo tipo constituem nosso conhecimento da personalidade. Uma é tão subjetiva ou objetiva quanto a outra, pois ambas são, essencialmente, modos de projeção de experiência pessoal na análise dos fenômenos sociais.

A cultura pode ser reinterpretada do ponto de vista psicanalítico como o aspecto supostamente impessoal desses valores e definições que chegam à criança com a autoridade irresistível do pai, da mãe ou de outros indivíduos dessa classe. A própria criança não tem a sensação de estar contribuindo para a cultura através de sua interação pessoal, mas ela é o receptor passivo de valores que se encontram completamente fora de seu controle e que possuem uma necessidade e uma excelência que ela não ousa questionar. Podemos, portanto, nos aventurar a conjecturar que nossas primeiras configurações de experiência têm mais o caráter daquilo que deverá ser mais tarde racionalizado como cultura que daquilo que o psicólogo tende a abstrair como personalidade. Todos nós tivemos a experiência desmitificadora de rever as imagens de nosso pai e de nossa mãe, rebaixando-as do plano institucional para o puramente pessoal.

A descoberta do mundo da personalidade parece depender da habilidade do indivíduo de tornar-se consciente de sua resistência à autoridade e de atribuir valor a ela. Talvez seja possível demonstrar que pessoas naturalmente conservadoras têm dificuldade de levar a sério avaliações de personalidade, ao passo que temperamentais radicais tendem a ser impacientes com uma análise apenas cultural do comportamento humano.

É possível questionar se uma dicotomia que parece depender em tão grande medida da direção de nosso interesse na observação do comportamento pode ser um guia inteiramente seguro para o estudo do comportamento em situações sociais. As motivações dessas direções contrastantes de interesse são inconscientes, sem dúvida, embora bastante simples, como devem ser todas as motivações profundas. O estudo da cultura como tal, que pode ser chamado de sociologia ou antropologia, tem uma raiz profunda e não reconhecida no desejo de nos perdermos em segurança nos padrões de comportamento historicamente determinados.

O motivo para o estudo da personalidade, que podemos chamar indiferentemente de psicologia social ou psiquiatria, provém da necessidade que o ego sente de se afirmar de maneira significativa. Tanto as disciplinas culturais quanto as psicológicas têm o cuidado de manter objetivos ideais, mas não deveria ser difícil ver que nem o padrão cultural como tal nem a personalidade como tal, abstraídos que estão dos fatos diretamente dados da experiência, podem, a longo prazo, escapar do subjetivismo peculiarmente sutil implícito nas definições das próprias disciplinas. Como disciplinas preliminares, cujo principal objetivo é acumular e esquadrinhar dados criticamente e nos ajudar a formular problemas significativos quanto ao comportamento humano, elas são evidentemente inestimáveis. Mais cedo ou mais tarde, porém, sua obscura oposição de espírito deve ser transcendida em prol de uma objetividade que não seja apenas formal e não valorativa, mas que tente, com audácia, conduzir todo padrão cultural de volta ao contexto vivo de que ele foi abstraído a princípio, e, de maneira paralela, conduzir todos os fatos de formação de personalidade de volta à sua matriz social.

Os problemas com isso sugeridos não são, claro, nem simples nem fáceis. A psicologia social em que as disciplinas cultural e psicológica convencionais devem ser afinal resolvidas está relacionada a esses estudos paradigmáticos, assim como uma investigação sobre a fala viva se relaciona à gramática. Acho que poucas disciplinas culturais são tão exatas, tão rigorosamente configuradas e tão independentes quanto a gramática, mas, caso desejemos que ela contribua numa medida significativa para nossa compreensão do comportamento humano, suas definições, seus significados e classificações devem ser capazes de realizar importante reformulação em termos de uma psicologia social que transcenda o melhor que já fomos capazes de oferecer nesse perigoso campo de investigação. O que se aplica à gramática o faz de maneira não menos significativa, claro, ao estudo da organização social, da religião, arte, mitologia, tecnologia, ou qualquer segmento, grande ou pequeno, ou grupos de segmentos, que a conveniência ou a tradição nos leve a extrair dos contextos reais do comportamento humano.

Um dano muito real é causado à nossa compreensão da cultura quando ignoramos de maneira sistemática o indivíduo e seus tipos de inter-relação com outros indivíduos. Não é exagero dizer que a análise cultural tal como costuma ser feita não é em absoluto um estudo do comportamento, mas, essencialmente, é a descrição ordenada, sem avaliação, ou, no melhor dos casos, com certas avaliações implícitas, de um comportamento a ser definido adiante, mas que em geral não é definido, e talvez não possa sê-lo. A cultura, tal como comumente construída pelo antropólogo, é uma soma mais ou menos mecânica dos padrões generalizados de comportamento mais notáveis ou pitorescos que ele abstraiu por si mesmo a partir da soma total de suas observações, ou que foi abstraída para ele por seus informantes em comunicação verbal. Tal "cultura", de vez que foi construída em geral com termos não familiares, reveste-se de uma qualidade pitoresca quase inevitável, o que sugere uma vitalidade que ela, se nos prendermos estritamente ao fato psicológico, não encarna.

As culturas tão cuidadosamente descritas em nossas monografias etnológicas e sociológicas não são – e não podem ser – as entidades verdadeiramente objetivas que elas reivindicam ser. Não importa quão acuradas sejam suas listas de itens individuais, suas integrações em estruturas sugeridas são invariavelmente falaciosas e irreais. Isso não se pode remediar enquanto nos confinarmos aos procedimentos reconhecidos como seguros pela etnologia ortodoxa. Se fizermos o teste de atribuir os conteúdos de uma monografia etnológica a um indivíduo conhecido na comunidade que ela descreve, seríamos inevitavelmente levados a descobrir que, embora, na melhor das alternativas, se possa reconhecer cada afirmação nela contida como verdadeira em algum sentido, o complexo de padrões tal como descrito não pode, sem considerável absurdo, ser interpretado como uma configuração significativa de experiências, tanto real quanto potencial, na vida da pessoa a quem recorremos.

As culturas, da maneira como se costuma lidar com elas, não passam de configurações abstraídas de padrões de ideias e ações, dotadas de significados infinitamente diferentes para os vários indivíduos no grupo, e que, para se desenvolver em qualquer tipo de estrutura psíquica significativa, quer para o indivíduo, quer para o pequeno grupo ou o grupo maior, devem ser postas em relação umas com as outras numa configuração complexa de avaliações, implicações inclusivas e excludentes, prioridades e potencialidades de realização que não é possível descobrir a partir de uma investigação nos padrões descritos.

Quanto mais plenamente se procura compreender uma cultura, mais ela parece assumir as características de uma organização de personalidade. Os padrões apresentam-se, em primeiro lugar, segundo um esquema puramente formalizado e logicamente desenvolvido. Explorações mais cuidadosas revelam de maneira invariável o fato de que numerosas linhas de simbolismo ou de implicação conectam padrões ou partes de padrões com outras linhas, de aspecto formal inteiramente diferente. Por trás das simples formas diagramáticas da cultura esconde-se uma rede peculiar de relações que, em sua totalidade, constroem formas inteiramente novas, que se relacionam de maneira nada simples com o óbvio quadro cultural de conteúdos. Assim, uma palavra, um gesto, uma genealogia, um tipo de crença religiosa podem inesperadamente se unir num simbolismo comum de definição de status.

Se o objetivo do estudo da cultura fosse apenas arrolar e descrever de maneira abrangente o vasto número de padrões supostamente autocontidos de comportamento transmitidos de geração em geração por meio de processos sociais, uma investigação como a que sugerimos, acerca da estrutura mais íntima da cultura, decerto não seria necessária. O problema surge somente quando as formulações do estudioso da cultura são requisitadas sem revisão ou crítica para uma compreensão dos aspectos mais significativos do comportamento humano. Quando isso ocorre, dificuldades insolúveis aparecem necessariamente, pois o comportamento não é uma recomposição de padrões abstratos, cada um dos quais pode ser estudado com maior ou menor sucesso como entidade historicamente contínua e geograficamente distribuída em si mesma, mas a própria matriz a partir da qual as abstrações foram feitas, antes de mais nada.

Tudo isso significa que, se de alguma maneira temos motivos para falar do desenvolvimento de uma cultura, isso não deve ser feito no espírito de uma história compósita, formada das histórias privadas de padrões particulares, mas no sentido do desenvolvimento de uma personalidade. A "cultura" completa, impessoalizada, do antropólogo de fato pode ser pouco mais que um ajuntamento ou uma massa de sistemas de ideias e ações frouxamente superpostos que, por força de hábito verbal, talvez seja levado a assumir a aparência de um sistema fechado de comportamento. O que tende a ser esquecido é que o funcionamento de semelhante sistema – se for possível dizer que ele tem alguma função determinável – se deve ao funcionamento específico e às interações dos sistemas de ideias e ações que realmente se desenvolveram na mente de certos indivíduos.

Apesar da impessoalidade frequentemente variada da cultura, a humilde verdade continua a ser que vastos âmbitos de cultura, longe de estar em algum sentido "carregados" por uma comunidade ou um grupo como tais, só podem ser descobertos como a propriedade peculiar de certos indivíduos, que não podem senão conferir a esses bens culturais a marca de sua própria personalidade. Com o desaparecimento desses indivíduos-chave, a cultura firme, "objetificada", afrouxa-se de imediato e acaba por ser vista como uma conveniente ficção mental.

Depois que o antropólogo cultural terminou suas necessárias pesquisas preliminares sobre as formas abertas da cultura e ganhou a partir delas uma objetividade de referência, descobrindo suas formas, sequências temporais e distribuição geográfica, lhe é imposta a tarefa mais difícil e significativa de interpretar a cultura que ele isolou em termos de sua relevância para a compreensão das personalidades dos próprios indivíduos a partir dos quais ele obteve sua informação. À medida que ele muda de informante, sua cultura necessariamente muda.

Não há nenhuma razão para que o culturalista tenha medo do conceito de personalidade, que não deve, contudo, ser pensado – como tendemos inevitavelmente a fazê-lo, no início de nosso pensamento – como uma entidade misteriosa que resiste à cultura historicamente dada, mas sim como uma configuração característica de experiências que tende sempre a formar uma unidade psicologicamente significativa; e que, à medida que agrega cada vez mais símbolos a si mesma, cria afinal o microcosmo cultural do qual a "cultura" oficial pouco mais é que uma cópia metafórica e mecanicamente expandida.

A aplicação do ponto de vista que é natural no estudo da gênese da personalidade ao problema da cultura não pode deixar de forçar uma reavaliação dos materiais da própria cultura. Muitos problemas que estão hoje em primeiro plano na investigação declinam para uma posição secundária, e padrões de comportamento que parecem ser tão óbvios e universais que não são dignos da atenção característica do etnólogo ganham de súbito nova e inesperada importância. O etnólogo pode algum dia ter de enfrentar a desconfortável obrigação de investigar fatos tão comezinhos como saber se o pai costumava agir como um guia indulgente ou severo para seu filho, e de indagar se o filho pertence ou não ao clã do pai como uma questão relativamente subsidiária. Em suma, a aplicação do ponto de vista da personalidade tende a minimizar o bizarro ou o exótico em culturas estrangeiras e a nos revelar com mais clareza a ampla base humana sobre a qual toda cultura se desenvolveu. Embora todos os antropólogos acreditem profundamente no lugar-comum segundo o qual toda cultura começa a partir das necessidades de uma humanidade comum, seus escritos não demonstram isso.

Um excelente teste da fecundidade do estudo da cultura, em estreita conjunção com um estudo da personalidade, seria fornecido por pesquisas de campo sobre o desenvolvimento da criança. É estranho que a etnologia tenha se preocupado tão pouco com o íntimo problema da gênese da aquisição da cultura pela criança. Na linguagem corrente da etnologia, a dinâmica da cultura parece quase inteiramente uma questão de definição adulta e de transmissão adulta de geração para geração e de grupo para grupo. A humilde criança, que está laboriosamente se orientando no mundo de sua sociedade, e no entanto não está, no caso normal, sacrificando seu status psicológico direto como um ego significativo, é de algum modo deixada de lado.

Essa estranha omissão deve-se obviamente ao fato de que a antropologia se deixou vitimar por uma metáfora conveniente, mas perigosa. Essa metáfora está sempre nos persuadindo de que a cultura é um conjunto bem empacotado de formas de comportamento transmitidas pouco a pouco, mas sem séria interrupção, para a criança passivamente inquisitiva. Cheguei à conclusão de que é o caráter supostamente "dado" da cultura que constitui o maior obstáculo à nossa real compreensão de sua natureza, da mudança cultural e da relação de ambas com a personalidade do indivíduo.

Na verdade, a cultura não é de maneira alguma um "dado". Ela só o é por uma polida convenção de linguagem. Assim que nos posicionamos do ponto de vista da criança que adquire cultura, as definições de personalidade e os potenciais que jamais devemos perder de vista sequer por um momento, e que estão destinados desde os momentos mais iniciais a interpretar, avaliar e modificar todo padrão, subpadrão ou conjunto de padrões culturais pelos quais ela será algum dia influenciada, tudo se transforma. A cultura não é então algo dado, mas algo a ser descoberto aos poucos e às apalpadelas.

Vemos então, de imediato, que os elementos da cultura que se integram à perfeição dentro do horizonte de consciência de um indivíduo estão de todo ausentes na paisagem de outro. Este é um fato importante, sistematicamente ignorado pelo antropólogo cultural. Pode ser adequado para o etnólogo sistemático ignorar diferenças de padrão como essas, porém, para o antropólogo teórico, que deseja situar a cultura numa visão geral de comportamento humano, tal inadvertência é indesculpável.

Além disso, é óbvio que a criança aceitará de modo inconsciente os vários elementos da cultura com significados inteiramente diferentes segundo as condições biográficas que acompanham a introdução desses elementos. Ela pode, e sem dúvida o faz, estabelecer uma profunda diferença caso um ritual religioso venha acompanhado pela severidade do pai ou pela indulgência um tanto brincalhona do irmão da mãe. Não temos o privilégio de supor que a maneira como estímulos musicais são apresentados à criança seja irrelevante. O fato de o irmão mais velho já ser pianista admirado no pequeno grupo familiar talvez atue como barreira efetiva para o desenvolvimento do interesse por qualquer forma de expressão musical. Uma criança nessas condições pode crescer curiosamente obtusa para valores musicais e ser persuadida a pensar que nasceu com um ouvido deficiente por natureza, estando portanto impedida de compartilhar das bênçãos de um importante aspecto da vida cultural da comunidade.

Se adotarmos o ponto de vista puramente genético,* todos os problemas que aparecem no estudo da cultura ressurgem com um surpreendente frescor que não pode deixar de significar muito para a reformulação desses problemas. Questões de simbolismo, de superordenação e subordinação de padrões, de intensidade relativa de caráter emocional, de capacidade de transformação, de transmissão e de isolamento de certos padrões em sistemas relativamente fechados, e numerosos outros de natureza dinâmica semelhante, emergem de imediato. Não podemos solucionar nenhum deles em abstrato. Todos exigem paciente investigação, e as respostas decerto serão multiformes.

Podemos sugerir, como problema difícil, mas crucial, de investigação, o seguinte: estudar a criança minuciosa e

* Isto é, relativo à gênese. (N.O.)

cuidadosamente desde o nascimento até, digamos, os dez anos de idade, tendo em vista observar a ordem em que padrões culturais e parcelas de padrões aparecem em seu mundo psíquico; estudar a relevância desses padrões para o desenvolvimento de sua personalidade; e, no fim do período sugerido, ver em que medida se pode dizer que a cultura oficial total do grupo tem uma existência significativa para ela. Além disso, que grau de sistematização, consciente ou inconsciente, nos complicados padrões e simbolismos da cultura terá sido alcançado por essa criança?

Esse é um problema difícil, sem dúvida, mas não impossível. Mais cedo ou mais tarde, ele terá de ser enfrentado pelos psicólogos genéticos. Atrevo-me a dizer que o conceito de cultura que emergirá então, fragmentário e confuso como decerto será, irá se revelar de uma importância mais firme, mais vital para o pensamento social que as bem-arrumadas tabelas de conteúdos associadas a este ou àquele grupo que tivemos o hábito de chamar de "culturas".

Notas

Apresentação (p.7-15)

1. Para uma apresentação à obra dos autores evolucionistas clássicos e de Franz Boas, ver seus textos reunidos respectivamente em *Antropologia cultural* (Rio de Janeiro, Zahar, 2004) e *Evolucionismo cultural: textos de Morgan, Tylor e Frazer* (Rio de Janeiro, Zahar, 2005), ambos organizados por mim.
2. A principal fonte de informações biográficas utilizada foi o livro de Lois W. Banner, *Intertwined Lives: Margaret Mead, Ruth Benedict and Their Circle* (Nova York, Vintage Books, 2003.). Para Sapir, também a introdução de seus *Selected Writings in Language, Culture, and Personality* (University of California Press, 1985) escrita por David G. Mandelbaum (p.v-xii). Foram também consultadas a autobiografia de Margaret Mead, *Blackberry Winter. My Earlier Years* (Nova York, Touchstone Books, 1972), *Margaret Mead: uma vida de controvérsia*, de Phyllis Grosskurth (Rio de Janeiro, Casa-Maria Editorial/LTC, 1989), a biografia *Ruth Benedict* feita por Mead (Columbia University Press, 1974) e *An Anthropologist at Work* (Boston, Houghton Mifflin, 1959), coletânea de escritos de Benedict organizados e comentados por Mead. Para o leitor que quiser se aprofundar na história da antropologia, recomendo o belo texto de George W. Stocking, Jr., "The ethnographic sensibility of the 1920s and the dualism of the anthropological tradition", no livro por ele organizado, *Romantic Motives: Essays on Anthropological Sensibility* (Madison, The University of Wisconsin Press, 1989, p.208-76).
3. Banner, op.cit., p.191.
4. A obra de Sapir foi muito pouco publicada no Brasil. Uma exceção louvável é seu famoso artigo "Cultura: autêntica e espúria", de 1924 (traduzido em *Sociologia e antropologia*, ano 2, v.2, n.4, 2012, p.35-60); disponível em: http://revistappgsa.ifcs.ufrj.br/pdfs/ano2-v2n4_artigo_edward-sapir.pdf.
5. Principalmente em seus livros *Margaret Mead and Samoa: The Making and Unmaking of an Anthropological Myth* (1983) e *The Fateful Hoaxing of Margaret Mead: A Historical Analysis of her Samoan Research* (1999).

6. Existe tradução para o português: *Sexo e temperamento em três sociedades primitivas* (São Paulo, Perspectiva, 5ª ed., 2014).
7. São Paulo, Perspectiva, 2ª ed., 2011. *The Chrysanthemum and the Sword: Patterns of Japanese Culture*, Houghton Mifflin, 1946.
8. Uma coletânea de artigos de Mead escritos para a revista *Redbook* em seus dez últimos anos de vida e publicada, após a morte da antropóloga, por sua ex-aluna e companheira Rhoda Metraux, foi traduzida para o português: *Aspectos do presente* (Rio de Janeiro, Francisco Alves, 1982).

2. Configurações de cultura na América do Norte (p.66-109)

1. *Untergang des Abendlandes*; tradução inglesa, *The Decline of the West*, 2 v., Nova York, 1929-1930 (trad. brasileira, *A decadência do Ocidente*, Rio de Janeiro, Zahar, 1964).
2. Eduard Spranger, *Types of Men*, Halle, 1928.
3. Ruth Benedict, "Psychological types in the cultures of the Southwest", *International Congress of Americanists*, n.23, 1928, p.572-81.
4. Op.cit., 573s.
5. H.K. Haeberlin, "The idea of fertilization in the culture of the Pueblo Indians". American Anthropological Association, *Memoirs 3*, n.1, 1916.
6. George Bird Grinnell, "The Cheyenne Indians", v.2, n.162, Yale University Press, 1923.
7. Denig, "The Assiniboine", Bureau of American Ethnology, *Reports*, n.46, p.573.
8. Esther Schiff Goldfrank, "Isleta" ms.
9. Entre os Zuñi, contudo, algumas danças do escalpo são explicitamente associadas com o viúvo e a viúva.
10. Em todo esse debate, excluo os Sioux do Sul.
11. *An Ethnologic Dictionary of the Navajo Language*, p.454, St. Michael's, Arizona, 1910.
12. Gladys A. Reichard, "Social life of the Navajo Indians", Columbia University, *Contributions to Anthropology*, n.7, p.142.
13. Paul Radin, *Journal of American Folklore*, n.22, p.312.
14. William Jones, International Congress of Americanists, n.15, p.266.
15. John J. Bourke, *Journal of American Folklore*, n.2, p.175, 1889.
16. A.L. Kroeber, *Handbook of the Indians of California*, Bureau of American Ethnology, *Bulletin*, n.78, p.778.

17. "The cultural connection of California and Plateau Shoshonean tribes", Universidade da Califórnia, *Publications of American Archeology and Ethnology*, n.20, p.145-56.
18. Ibid., p.145.
19. Lowie, op.cit., p.149.
20. Stephen Powers, "Tribes of California", *Contributions to North American Ethnology*, n.3, p.33, 1877.
21. Ibid., p.22.
22. Grinnell, op.cit., p.6-22.
23. Ibid., p.39-44.
24. D.D. Gaillard, *American Anthropologist* (Old Series), n.7, p.293-6, 1894.
25. Russell, "The Pima Indians", Bureau of American Ethnology, *Reports*, n.26, p.204; J. William Lloyd, *Aw-aw-tam Indian Nights*, n.90, Westfield, Nova Jersey, 1911; e Benedict, ms.
26. Kroeber, *Handbook*, p.752.
27. Franz Boas, *Keres Texts*, Publications of the American Ethnological Society, n.8, p.290 (Parte 1).
28. Ruth Bunzel, "Zuñi ritual poetry", Bureau of American Ethnology, *Reports*, n.43 (no prelo).
29. Franz Boas, "Ethnology of the Kwakiutl", Bureau of American Ethnology, *Reports*, n.35, p.1291.
30. Ibid., p.1381.
31. Ibid., p.1359.
32. John R. Swanton, "The Haida", *Jesup Expedition Report*, n.5, p.176, 179.
33. Boas, "Ethnology of the Kwakiutl", p.1363.
34. Ibid., p.1385.
35. Neste breve levantamento, enfatizei o aspecto diferenciado do luto na costa Noroeste e omiti a forte institucionalização da morte como impureza nessa região, pois esse traço é comum a regiões que estudei. Nenhuma área levou mais adiante essa ideia da impureza – mulheres menstruadas, mulheres no parto, homens e mulheres após o intercurso sexual, todos são impuros. Isso está institucionalizado de maneira diversa em diferentes tribos, pois entra em conflito com os mecanismos de prestígio.
36. "12th and Final Report on the North-Western Tribes", British Association for the Advancement of Science, *Report*, n.51, 1898.
37. É óbvio pela natureza da argumentação que esse jogo de prestígio da costa Noroeste só pode ser jogado por membros escolhidos da

comunidade. Uma grande proporção da tribo não passa de público para esses jogadores principais, e a configuração da vida para eles difere necessariamente. Precisamos, em particular, compreender essas culturas de fãs e as atitudes psicológicas características, por um lado, dos atores, e, por outro, dos que compõem o público.

38. Boas, "Ethnology of the Kwakiutl", p.1360.
39. *Primitive Man as Philosopher*, p.32s.
40. William Stem, *Die menschliche Personlichkeit*, Johann Ambrosius Barth, Leipzig, 1919.
41. Ver Clark Wissler, *Science*, n.63, p.193-201, 1916.
42. E. Sapir, "Culture, genuine and spurious", *American Journal of Sociology*, n.29, p.401-17, 1921; disponível em português em: http://revistappgsa.ifcs.ufrj.br/pdfs/ano2-v2n4_artigo_edward-sapir.pdf.